Sonderseiten

METHODE — Hier kannst du naturwissenschaftliche Arbeitsweisen trainieren.

PINNWAND — Hier findest du Zusatzinformationen für inhaltliche Vertiefungen.

STREIFZUG — Hier findest du Verknüpfungen mit anderen Fachgebieten.

LERNEN IM TEAM — Hier findest du Vorschläge für die Projektarbeit mit offen formulierten Handlungsaufträgen.

AUF EINEN BLICK — Hier findest du die Inhalte des Kapitels in kurzer und übersichtlicher Form dargestellt.

LERNCHECK — Hier findest du vielfältige Aufgaben zum Wiederholen und Vertiefen der Inhalte des Kapitels.

BASISKONZEPTE — Hier findest du fachliche Fragestellungen, die nach übergeordneten Blickwinkeln sortiert sind.

A: Dies sind Aufgaben, die mithilfe der Texte und/oder der Bilder des Buches zu lösen sind.

Q: Dies sind Aufgaben, zu deren Bearbeitung du zusätzliche Quellen wie Fachbücher, das Internet, Fachleute usw. nutzen musst.

V: Dies sind Versuchsanleitungen, für die du in der Regel einfache, gut zugängliche Materialien brauchst.

ERLEBNIS

Biologie

Ein Lehr- und Arbeitsbuch
5. Schuljahr

Schroedel
westermann

ERLEBNIS 5

Biologie

Autoren

Peter Hartmann

Dr. Jürgen Kastner

Andreas Kegelmann

Sarah Rayder

Werner Reitberger

Mit Beiträgen von

Gerd-Peter Becker

Heike Claßen

Jasmin Dittmar

Joachim Dobers

Nicole Fischer

Imme Freundner-Huneke

Marietta und Dieter Keller

Silke Kraft

Olga Leuchtenberg

Ralph Möllers

Siegfried Schulz

Anja Thesing

Annely Zeeb

unter Mitarbeit der Verlagsredaktion

Illustrationen

Birgitt Biermann-Schickling

Joachim Dobers

Julius Ecke

Dr. Peter Güttler

Theiss Heidolph

Christine Henkel

Brigitte Karnath

Heike Keis

Angelika Kramer

Liselotte Lüddecke

Karin Mall

Kerstin Ploß

Birgit + Olaf Schlierf

Barbara Schneider

Ingrid Schobel

Sperling Info Design

Judith Viertel

Werner Wildermuth

Grundlayout und Umschlaggestaltung

SINNSALON

Agentur für Kommunikation und Design

Die Mediencodes 🖰 enthalten zusätzliche Unterrichtsmaterialien, die der Verlag in eigener Verantwortung zur Verfügung stellt.

Fotos

Volker Minkus

westermann GRUPPE

© 2017

Bildungshaus Schulbuchverlage

Westermann Schroedel Diesterweg Schöningh Winklers GmbH, Braunschweig

www.westermanngruppe.de

Druck A² / Jahr 2017

Alle Drucke der Serie A sind inhaltlich unverändert.

Satz: media service schmidt, Hildesheim

Druck und Bindung: westermann druck GmbH, Braunschweig

ISBN 978-3-507-**77770**-5

Inhalt

Tiere und Pflanzen in der Umgebung des Menschen

Anhang

Sicheres Arbeiten im Fachraum

1. ≡ **Q**
a) Informiere dich über das richtige Verhalten bei Feuer, Unfällen und Brandalarm.
b) Erkundige dich über die Flucht- und Rettungswege an deiner Schule.

2. ≡ **Q**
Begründe, warum Essen und Trinken im Fachraum nicht erlaubt sind.

3. ≡ **A**
Erläutere anhand der Sicherheitsbelehrung, wie du im Fachraum sicher experimentierst.

Schilder im Fachraum

Die Hinweisschilder zur Unfallverhütung, zur Sicherheit und zur Hilfe sind unterschiedlich in Form und Farbe gekennzeichnet:

1 Rote Schilder geben Hinweise für den Gefahrenfall.

2 Weiße Schilder mit rotem Rand sind Gefahrstoffsymbole.

3 Gelbe Schilder sind Warnzeichen.

4 Grüne Schilder sind Rettungszeichen.

Klasse: 5b   **Datum:** 02.09.

Sicherheitsbelehrung

- Jacke, Schal und Mütze hängst du an die Garderobe. Binde Haare zusammen und lege Schmuck ab.

- Die Arbeitsaufträge liest du vor Versuchsbeginn sorgfältig durch.

- Chemikalien und Laborgeräte holst du erst nach Aufforderung.

- Die Experimente führst du nur im Fachraum durch.

- Bei Bedarf musst du die Schutzbrille aufsetzen.

- Während des Experimentierens bleibst du an deinem Platz.

- Du isst und trinkst nur außerhalb des Fachraumes.

- Jeden Unfall und jede Panne meldest du sofort.

- Am Ende jeder Stunde wäschst du dir die Hände.

Unterschrift   *Laura Schäfer*

Was tun im Notfall?

1. Anderen Lehrer oder andere Lehrerin informieren

2. Im Sekretariat Bescheid geben

METHODE

Umgang mit Basiskonzepten

Wozu dienen Basiskonzepte?

Als Naturwissenschaftler stellt ihr Fragen an die Natur. Beim Beantworten dieser Fragen können euch bestimmte Blickwinkel helfen – sogenannte **Basiskonzepte.** Indem ihr Neues gezielt aus diesen Blickwinkeln betrachtet, erkennt ihr Ähnlichkeiten zu bereits Bekanntem. Ihr versteht Zusammenhänge leichter und könnt Gelerntes besser behalten.

In der Biologie gibt es drei übergeordnete Basiskonzepte: **System, Struktur und Funktion** sowie **Entwicklung.** System sowie Struktur und Funktion können dabei in sieben weitere Basiskonzepte unterteilt werden: Reproduktion, Organisationsebenen, Steuerung und Regelung, Stoff- und Energieumwandlung, Information und Kommunikation, Biodiversität sowie Variabilität und Angepasstheit.

Basiskonzept Struktur und Funktion

Baumerkmale der Lebewesen oder ihrer Bestandteile stehen in engem Zusammenhang zu einer entsprechenden Funktion. Oft zeigt sich hier eine Angepasstheit an die Lebensbedingungen.

Variabilität und Angepasstheit

Im Laufe der Erdgeschichte hat es viele maulwurfähnliche Tiere gegeben, die mehr oder weniger an ihren Lebensraum angepasst waren. Auch der heute bekannte Maulwurf ist, zum Beispiel durch seine Grabschaufeln, an sein Leben unter der Erde angepasst.

Lebewesen sind also veränderlich, man sagt, sie sind variabel.

Basiskonzept Entwicklung

Lebewesen, wie Menschen und auch Pflanzen, vermehren sich. Sie wachsen und entwickeln sich im Laufe ihres Lebens. Über viele Generationen hinweg verändern sich Lebewesen und entwickeln sich weiter. Auch Lebensräume entwickeln sich im Laufe der Zeit.

Information und Kommunikation

Der Stürmer läuft auf das Tor zu und schießt! Der Torwart reagiert rechtzeitig: An der Körperhaltung erkennt er die Absicht des Stürmers, er setzt zum Sprung an und hechtet sich auf die Seite. Mit seinen Händen fängt er den Ball. Bei dieser Reaktion haben die Augen des Torwarts die Information, also den zufliegenden Ball, aufgenommen und weitergegeben. Das Gehirn ermöglicht eine Reaktion, den Sprung und das Fangen.

Alle Lebewesen nehmen Informationen auf, speichern und verarbeiten sie und kommunizieren.

Organisationsebenen

Wenn du einatmest, strömt die Luft z. B. durch die Nase und die Luftröhre in die Lungenbläschen der Lunge. Alle an der Atmung beteiligten Organe bilden das Atmungssystem, ein Organsystem. Die verschiedenen Organsysteme unseres Körpers beeinflussen sich gegenseitig. So ist das Kreislaufsystem eng mit dem Atmungssystem verbunden. Alle Organsysteme zusammen bilden den Organismus Mensch.

Alle Lebensvorgänge lassen sich auf verschiedenen Systemebenen erklären.

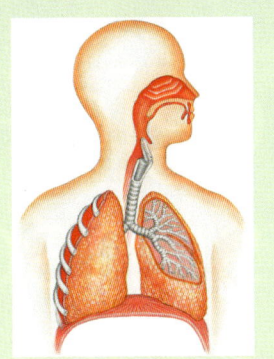

Basiskonzept
System

Systeme bestehen aus verschiedenen Teilen, die zusammen eine funktionierende Einheit mit besonderen Eigenschaften bilden. Dabei tauschen die Teile Stoffe, Informationen und Energie aus. Zellen, Organe, Organismus und Lebensräume sind Beispiele für Systeme auf verschiedenen Systemebenen.

Steuerung und Regelung

Deine Körpertemperatur ist, unabhängig vom Wetter, immer nahezu gleich. Sie wird vom Körper geregelt. Wenn allerdings Krankheitserreger in deinen Körper eindringen, kann die Körpertemperatur ansteigen. Dann hast du Fieber.

Alle Lebewesen können also bestimmte Werte gleich halten, aber auch bei Einflüssen von innen oder außen verändern.

Stoff- und Energieumwandlung

Dein Körper benötigt Nährstoffe, um arbeiten zu können. Dabei wird die Nahrung, zum Beispiel dein Pausenbrot, im Verdauungssystem in seine Bausteine zerlegt. Diese Bausteine braucht der Körper unter anderem, um Energie zu gewinnen.

Alle Lebewesen nehmen Stoffe auf und wandeln sie in Energie um.

Biodiversität

In deiner Umgebung gibt es verschiedene Lebensräume wie Wald, Wiese und Gewässer. In so einem Lebensraum leben viele verschiedene Arten. Aber auch die Individuen einer Art unterscheiden sich: Auf einer Wiese gibt es Gänseblümchen, die größer bzw. kleiner sind als andere ihrer Art.

Biodiversität bezeichnet die Vielfalt des Lebens auf der Erde auf allen Systemebenen.

Reproduktion

Aus befruchteten Hühnereiern schlüpfen nach 21 Tagen Küken. Der Löwenzahn vermehrt sich durch Samen, die an Schirmchen hängen.

Alle Lebewesen pflanzen sich fort und vermehren sich.

Biologie – Wissenschaft des Lebendigen

Wir haben ein neues Unterrichtsfach. Was ist eigentlich Biologie?

Woran erkenne ich, dass etwas lebt?

Woraus sind Lebewesen aufgebaut?

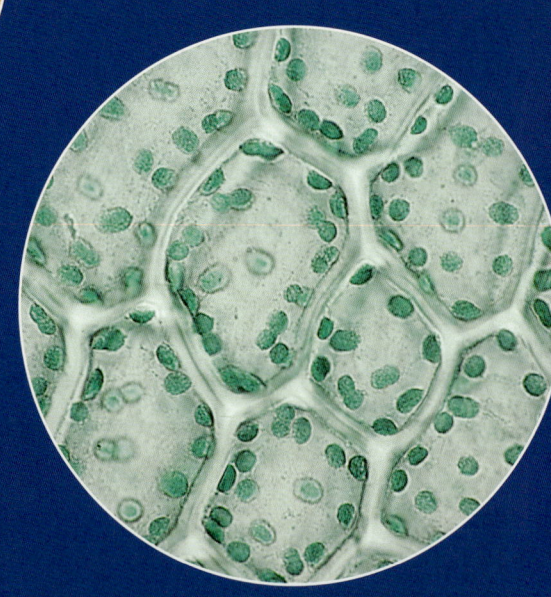

Was ist Biologie?

  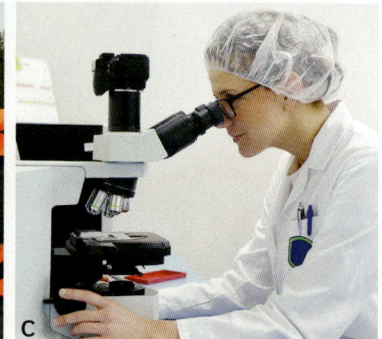

1 Biologen bei der Arbeit

1. **A**

In Abbildung 1 sind Biologen bei ihrer Arbeit fotografiert worden.
Zu welchen Teilbereichen der Biologie könnten diese Biologen jeweils gehören? Begründe deine Antwort.

2. **Q**

Suche 5 Dinge, Lebewesen oder Teile davon, die deiner Meinung nach mit Biologie zu tun haben. Mache Fotos.
a) Versuche, sie jeweils einem Teilgebiet der Biologie zuzuordnen.
b) Erstelle ein Plakat.

Biologie

In der Realschule habt ihr schon einige neue Fächer kennengelernt, dazu gehört auch Biologie. Diesen Begriff habt ihr sicher schon einmal gehört. Doch was ist Biologie und was machen Biologen eigentlich?

Sie tauchen manchmal in Naturdokumentationen im Fernsehen auf, wo sie Tiere beobachten oder sich um die Umwelt kümmern. Doch Biologen machen noch viel mehr: Sie erforschen z. B. die Vielfalt der Tiere und Pflanzen, versuchen, Vorgänge in Lebewesen zu erklären und erforschen auch den menschlichen Körper. Dabei stellen, wie in allen Naturwissenschaften, Beobachtungen und Experimente die Grundlage der Erkenntnisgewinnung dar. Biologie ist also die Naturwissenschaft, die sich mit Lebewesen und Lebensvorgängen beschäftigt.

Teilbereiche der Biologie

Das Wissen in der Biologie ist so angestiegen, dass ein einzelner Mensch nicht mehr alles beherrschen kann. Daher teilt sich die Biologie mittlerweile in viele verschiedene Fachgebiete auf. So beschäftigt sich zum Beispiel die Botanik mit Pflanzen, die Zoologie mit Tieren, die Mikrobiologie mit mikroskopisch kleinen

Lebewesen und die Genetik mit der Vererbung. In der Humanbiologie wird der menschliche Körper erforscht. In der Ökologie geht es um die gegenseitige Beeinflussung von Lebewesen und ihrer Umwelt.

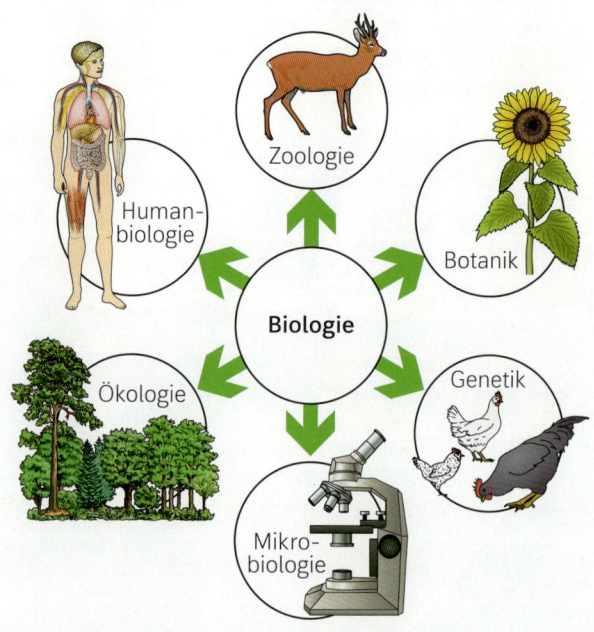

Biologie ist eine Naturwissenschaft, die sich mit Lebewesen beschäftigt. Sie ist in mehrere Bereiche aufgeteilt.

Wie Biologen Erkenntnisse gewinnen

Es ist Juni. Seit Tagen schauen Peter und Marie jeden Tag nach, ob an den Stauden schon reife Erdbeeren sind. Endlich, die ersten roten Früchte… aber die meisten davon sind angefressen. „Das darf doch nicht wahr sein!" schimpft Peter. „Wir müssen die anderen schützen, damit die nicht auch noch gefressen werden!"

Marie meint: „Dazu müssen wir aber zuerst mal herausfinden, welches Tier die Erdbeeren angefressen hat."

„Das könnten ja alle möglichen Tiere gewesen sein. Schnecken zum Beispiel, Ameisen oder Vögel. Wie sollen wir denn herausfinden, welches Tier es war?" fragt Peter.

„**Betrachten** wir doch mal die angefressenen Erdbeeren. Die Fraßstellen schauen alle gleich aus, sie stammen also alle vom selben Tier" sagt Marie. „**Untersuchen** wir noch schnell die Beete auf Schleimspuren. Wenn welche da sind, deutet das auf Schnecken hin." „Ich sehe keine" meint Peter. „Wir könnten uns auch einfach auf die Lauer legen." „Das ist eine tolle Idee. Aber fragen wir doch lieber Papa, ob er uns seine Kamera leiht. Die zeichnet dann das Geschehen auf und wir können das gemütlich am Computer **beobachten.**" „Genauso machen wir´s."

Einen Tag später sitzen die beiden vor Papas Laptop und sehen sich die Aufzeichnungen der Kamera an. „Da schau! Die Amseln waren es!" ruft Peter.
„Und was machen wir jetzt?" „Da gäb´s mehrere Möglichkeiten… Wir haben ja zwei Beete. Lass uns ein **Experiment** machen. Bei dem einen Beet stellen wir eine Vogelscheuche auf und beim zweiten schützen wir die Erdbeeren mit einem Netz. Dann schauen wir, bei welchem weniger angefressen werden und sehen so, welche Methode besser funktioniert."

„Zehn angefressene Erdbeeren bei der Vogelscheuche und keine einzige beim Netz. Das funktioniert also besser!"

Beobachtung

Problemstellung

Vermutung

Planung und Durchführung

Auswertung Schlussfolgerung Rückfragen

Erkenntnis Verallgemeinerung

STREIFZUG

Kennzeichen des Lebendigen bei Tieren

1. ☰ Ⓐ
Beschreibe in der Abbildung oben die Kennzeichen des Lebendigen, die hier gezeigt werden.

2. ☰ Ⓐ
a) Manche Roboter sehen beinahe lebendig aus. Worin unterscheidet sich der Roboter im Bild von einem echten Hund? Fertige dazu eine Tabelle an.

Roboter	Hund
	Fortpflanzung

b) Begründe, warum der Roboter-Hund trotz einiger Gemeinsamkeiten mit Lebewesen doch kein Lebewesen ist.

3. ☰ Ⓥ
Suche dir ein Tier aus (z. B. ein Tier in Haus oder Garten) und beobachte es eine Weile. Beschreibe wie im abgebildeten Protokoll, welche Verhaltensweisen das Tier zeigte. Schreibe auf, welche Eigenschaften des Lebendigen zu erkennen sind.

Beobachtungsprotokoll

Tier: Star
Ort: Rasenfläche
Zeit: 20. Juni 2016

Beobachtungen | Eigenschaften des Lebendigen

Der Star hüpft auf dem Rasen umher, stochert mit dem Schnabel im Boden. Schließlich zieht er einen Wurm heraus und frisst ihn.

Bewegung
Bewegung

Stoffwechsel

1 „Mäuse" in einem Käfig

Lebendig oder nicht?

In diesem Mäusekäfig stimmt etwas nicht. Bei der Maus in der Mitte handelt es sich um eine Spielzeugmaus. Sie ist im Gegensatz zu den „richtigen" Mäusen im Käfig kein Lebewesen.

Durch einen Vergleich kann man leicht die Unterschiede zwischen Lebewesen und Unbelebtem erkennen.

2 Mäuse: **A** in Bewegung, **B** Mutter mit Nachwuchs, **C** Beim Fressen

Bewegung

Die Fähigkeit, sich zu bewegen, ist das wohl auffälligste Kennzeichen des Lebendigen. Zwar kann sich die Spielzeugmaus auch bewegen, allerdings nur, wenn man sie vorher aufzieht. Lebewesen dagegen bewegen sich aus eigener Kraft.

Reizbarkeit

Setzt man die Maus in ein Labyrinth, in dem ein Stück Käse versteckt ist, so findet sie dieses früher oder später. Sie riecht ihn und läuft in diese Richtung. Die Spielzeugmaus ist dazu nicht in der Lage.

Lebewesen reagieren also auf ihre Umwelt und zeigen das Kennzeichen der Reizbarkeit. Licht und Geräusche, aber auch Berührung, Wärme und Kälte sind einige dieser Reize, auf die in unterschiedlicher Weise reagiert wird.

Fortpflanzung

Wenn ein Männchen und ein Weibchen ein Junges zeugen, so spricht man von Fortpflanzung. Ein neues Lebewesen entsteht. Die Nachkommen ähneln immer ihren Eltern. Eine Spielzeugmaus wird dagegen in einer Fabrik hergestellt.

Wachstum und Entwicklung

Die neugeborene Maus ist zunächst völlig auf Hilfe angewiesen. Im Laufe der Zeit verändert sich das Junge und wird zunehmend selbstständig. Es entwickelt sich. Eine solche Entwicklung kann bei einem Gegenstand nicht beobachtet werden.

Stoffwechsel

Für das Wachstum und die Bewegung benötigt ein Tier Nährstoffe. Diese nimmt es mit der Nahrung auf und verwertet es im Körper. Dazu ist Sauerstoff notwendig, den es mit der Luft einatmet. Nicht verwertbare Stoffe werden ausgeschieden. Der Körper wechselt die Stoffe also aus. Die Gesamtheit dieser Vorgänge nennt man daher Stoffwechsel.

Sterblichkeit

Am Ende eines Lebens steht der Tod. Jedes Lebewesen kann sterben. Nach dem Tod sind keine Kennzeichen des Lebendigen mehr vorhanden.

Lebewesen

Auch Gegenstände wie eine Spielzeugmaus können einzelne dieser Merkmale aufweisen. Doch nur Lebewesen weisen alle Kennzeichen des Lebendigen auf.

> Die Kennzeichen eines Lebewesens sind Bewegung, Reizbarkeit, Fortpflanzung, Wachstum und Entwicklung, Stoffwechsel und Sterblichkeit.

3 Mäuse: **A** Maus in einem Labyrinth, **B** junge Mäuse, **C** Ende einer Maus

Basiskonzepte S. 24

Kennzeichen des Lebendigen beim Menschen

Fußball
Ein Fußballfeld ist 100 m bis 110 m lang und 64 m bis 75 m breit. Die Profis laufen auf diesem Feld innerhalb von 90 Minuten zwischen 10 km und 15 km.

Schwangerschaft
Die Schwangerschaft dauert etwa 9 Monate. In dieser Zeit entwickelt sich im Bauch der Mutter ein Kind. Bei der Geburt ist es ca. 50 cm groß und wiegt etwa 3 kg bis 4 kg.

Alterskategorien
In allen Sportarten gibt es Alterskategorien. Es wäre unfair, wenn ein 11-jähriger gegen einen 20-jährigen in einem Fußballspiel antreten müsste.

Torwart
Eine besondere Funktion in einem Fußballspiel übernimmt der Torwart. Er muss, wenn der Gegner auf das Tor schießt, blitzschnell reagieren. Bei einem Schuss sieht er den Ball und setzt sich dann in weniger als einer Sekunde in Bewegung.

1. Ⓐ
a) Gib das Kennzeichen des Lebendigen an, das in den Beispielen jeweils verdeutlicht wird.
b) Begründe deine Entscheidung.

2. Ⓐ
Nenne das Kennzeichen, das auf dieser Pinnwand fehlt.

Halbzeit
Beim Sport schwitzt man und die Bewegung verbraucht Energie. Deshalb ist es wichtig, dass Fußballspieler in der Halbzeitpause trinken und eventuell etwas essen.

Auch Pflanzen sind Lebewesen

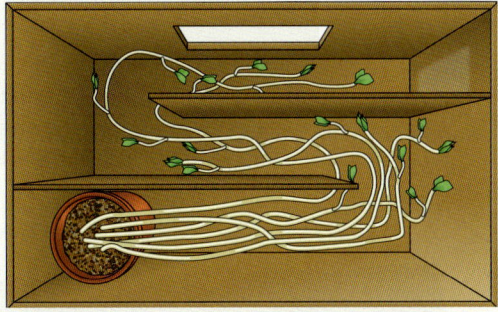

1.  Ⓐ ▸
Eine Buntnessel wurde unter eine Glasglocke gestellt. Die rechte Abbildung zeigt die Pflanze am nächsten Morgen.
a) Erläutere das Versuchsergebnis.
b) Welches Ergebnis erwartest du, wenn man anstelle der Buntnessel eine künstliche Pflanze aus Stoff verwendet?

2. ≡ Ⓐ
In einen Karton wurde seitlich ein Loch geschnitten und innen Teilwände eingeklebt. Man gab eine austreibende Kartoffel in etwas Erde und stellte sie in den Karton. Nur durch die Öffnung im Karton kam Licht. Beschreibe und erläutere das Versuchsergebnis.

Pflanzen unterscheiden sich deutlich von Tieren. Sie scheinen sich nicht zu bewegen und keine Nahrung zu sich zu nehmen. Sind sie trotzdem Lebewesen? Überprüfen lässt sich diese Frage mithilfe der Kennzeichen des Lebendigen.

Bewegung
Pflanzen können ihren Standort nicht verlassen. Trotzdem bewegen sie sich: Stellt man beispielsweise Kressepflanzen ans Fenster, so richten sich die oberirdischen Pflanzenteile allmählich zum Licht hin aus. Dreht man die Pflanzen anschließend vom Licht weg, so wiederholt sich dieser Vorgang. Diese Bewegung nehmen wir nur deshalb nicht wahr, weil sie sehr langsam stattfindet.

Fortpflanzung
Viele Pflanzen besitzen auffällige Blüten, in denen sich die Geschlechtsorgane befinden. Nach der Befruchtung bilden sich die Samen. Keimen diese in feuchter Erde, so entstehen wieder neue Pflanzen.

Wachstum und Entwicklung
Das Gras wächst, weshalb man den Rasen regelmäßig mähen muss. Auch Hecken wachsen und werden geschnitten. Und auch

die größten Pflanzen der Erde, die Mammutbäume mit einer Höhe von über 100 Metern, sind aus einem nur wenige Millimeter großen Samen gewachsen.

Reizbarkeit
Pflanzen besitzen zwar keine Sinnesorgane wie Augen oder Ohren, dennoch reagieren auch sie auf ihre Umwelt. So erfolgt die Bewegung der Kresse auf den Lichtreiz hin.

Stoffwechsel
Pflanzen ernähren sich nicht wie Tiere, trotzdem tauschen auch sie Stoffe mit ihrer Umgebung aus. So beziehen sie z. B. Wasser und Mineralstoffe, die sie für ihr Wachstum benötigen, aus dem Boden. Über die Blätter wird dann ein Teil des Wassers wieder abgegeben.

Sterblichkeit
Pflanzen können genau wie Tiere sterben. Reißt man eine Pflanze aus, so stirbt sie. Sie wächst dann nicht mehr weiter und auch alle anderen Kennzeichen des Lebendigen sind nicht mehr vorhanden.

> Auch Pflanzen besitzen alle Kennzeichen des Lebendigen.

Basiskonzepte S. 24

Pflanzen in Bewegung

1. ≡ 🅐
Bei jedem der folgenden Bilder ist außer Bewegung noch mindestens ein anderes Kennzeichen des Lebendigen zu erkennen. Nenne das jeweilige Kennzeichen und beschreibe, wie es sich im dazugehörigen Bild darstellt.

Morgen

Mittag

Abend

Gänseblümchen
Beim Gänseblümchen kann man beobachten, wie sich die Blüte morgens öffnet und abends wieder schließt. Die Pflanze reagiert dabei auf die Menge an Licht in der Umgebung. Deshalb schließt sich die Blüte auch bei schlechtem Wetter.

Mimose
Die Mimose ist eine ganz besondere Pflanze. Wird sie auch nur leicht mit dem Finger berührt, so klappt sie ihre Blätter zusammen. Deshalb bezeichnet man sehr empfindliche Menschen manchmal auch als Mimosen.

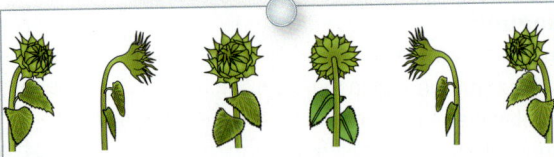

Sonnenblume
Der Name Sonnenblume beruht auf der Tatsache, dass diese Pflanze Blätter und Knospen immer zur Sonne ausrichtet. Dabei drehten sich diese innerhalb eines Tages von Ost nach West und zurück.

Venusfliegenfalle
Die Venusfliegenfalle fängt kleine Insekten als „Zusatzmahlzeit". Meist werden Fliegen durch Farbe und Geruch der Fangblätter angelockt. Werden kurz hintereinander mehrere der Borsten in einem Fangblatt berührt, dann schnappt die Falle zu. Dies ist eine der schnellsten Bewegungen bei Pflanzen. Das Insekt ist gefangen und wird verdaut.

Die Zelle – Grundbaustein aller Lebewesen

1 Mikroskop von ROBERT HOOKE aus dem 17. Jahrhundert

Im 17. Jahrhundert untersuchte der Naturforscher ROBERT HOOKE die Rinde von Korkeichen. Diese wird heute noch u. a. für die Herstellung von Flaschenkorken verwendet. HOOKE schnitt von der Rinde ein dünnes Stück ab und legte es unter ein Mikroskop. Deutlich konnte er dabei ein Muster von mit Luft gefüllten Kämmerchen erkennen. Diese erinnern an die Zellen von Bienenwaben. Er hielt seine Beobachtungen in Zeichnungen fest und nannte die Kammern **Zellen.** Später wurden auch andere Pflanzenteile mit dem Mikroskop betrachtet. Blätter, Früchte und Zwiebeln waren wiederum stets aus Zellen aufgebaut.

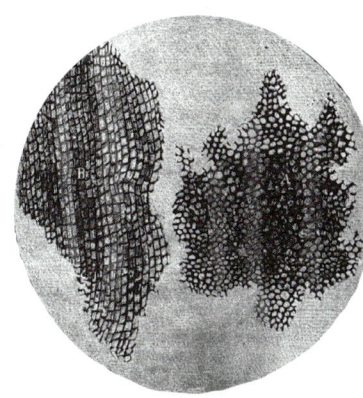

2 HOOKES Zeichnung der untersuchten Korkzellen

Vielleicht hast du dich schon einmal gefragt, wie Blütenstaub oder ein Haar genau aussehen. Für das bloße Auge sind sie viel zu klein. Daher nutzt man dafür **Mikroskope.** Die ersten wurden Anfang des 17. Jahrhunderts gebaut. Den Forschern hat sich ab diesem Zeitpunkt eine faszinierende Welt des Winzigen eröffnet, die vorher unsichtbar war.

Tiere wurden ebenfalls untersucht. So zerdrückte man beispielsweise die Leber eines Rindes in ein wenig Wasser und betrachtete die erhaltene braune Flüssigkeit unter dem Mikroskop. Man erkannte, dass auch die Leber aus Zellen besteht. Sie ähneln kleinen, unregelmäßigen Kugeln. Auch der Mensch besteht aus Zellen. Die Beispiele zeigen, dass Tiere und Pflanzen aus Zellen aufgebaut sind. Sie sind also die Grundbausteine aller Lebewesen und damit ein weiteres Kennzeichen des Lebendigen.

STREIFZUG

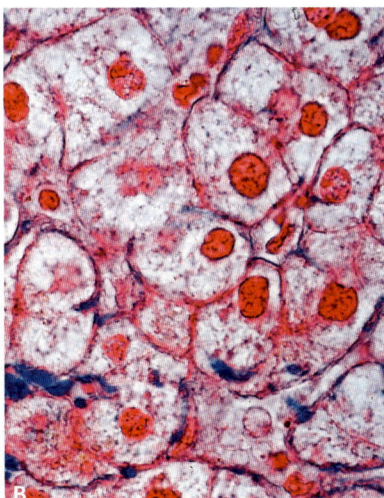
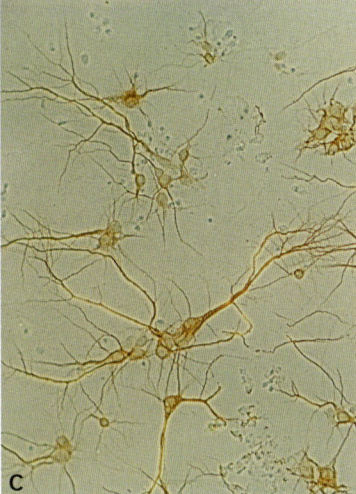

3 Verschiedene Zelltypen: **A** Zellen der Wasserpest, **B** Zellen der Leber, **C** Nervenzellen

Von der Zelle zum Organismus

1.
a) Fertige eine Liste an, in der du die Informationen über Zellen, Organe und Organismus stichpunktartig sammelst.
b) Gib in einer zusätzlichen Zeile jeweils Beispiele an.
c) Zeichne einen Pfeil über die Spalten der Liste von der kleinsten zur größten Einheit.

Zelle	Organ	Organismus

2.
Kann man ein Lebewesen mit einem Haus vergleichen? Nenne Gemeinsamkeiten und Unterschiede. Nimm auch die Kennzeichen des Lebendigen zu Hilfe.

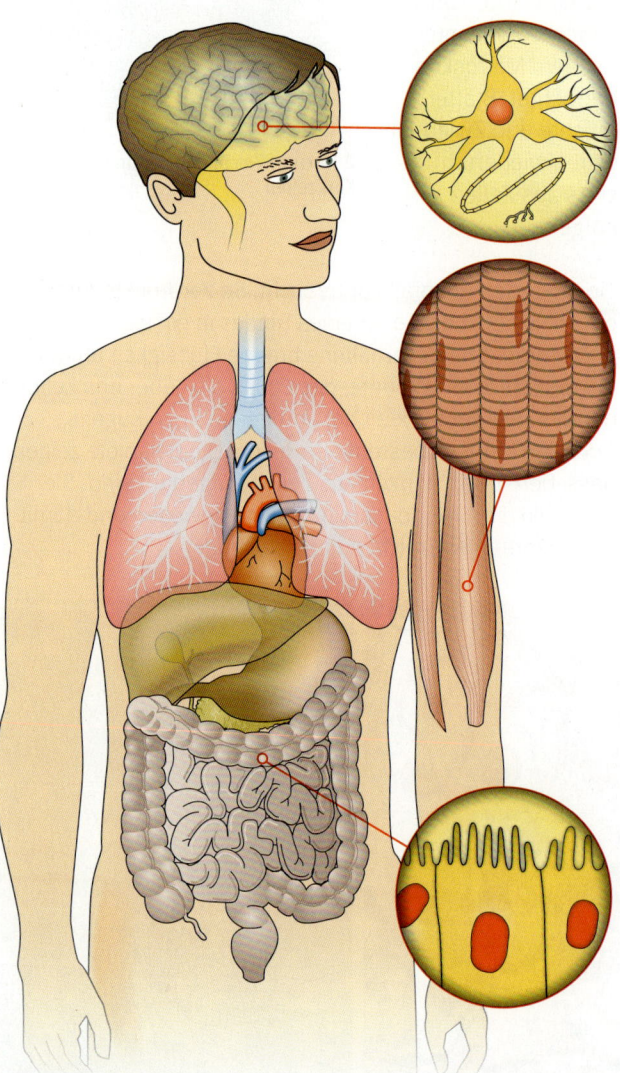

1 Organismus Mensch: Organe und Zellen

Zellen
Der menschliche Körper besteht aus ca. 100 Billionen **Zellen.** Aneinandergereiht ergeben sie eine Schnur, die man 100-mal um die Erde wickeln könnte. Unter den zahllosen Zellen gibt es je nach Funktion ganz unterschiedliche Typen. Nervenzellen z. B. leiten Signale weiter. Die langgestreckten Muskelzellen können sich zusammenziehen und ermöglichen so Bewegung. Darmzellen haben eine stark gefaltete und dadurch vergrößerte Oberfläche. Sie können deshalb gut Nährstoffe aufnehmen.

Organe
Bestimmte Zelltypen bilden zusammen **Organe,** die jeweils besondere Aufgaben im Körper haben. So bilden viele Milliarden Nervenzellen das Gehirn, das den Körper steuert. Weitere Organe sind z. B. das aus Muskelzellen bestehende Herz und der Darm, in dem ein Großteil der Verdauung stattfindet.

Organismus
Organe sind Teile von Organsystemen. So bilden Herz und Blutgefäße das Kreislaufsystem, Gehirn, Rückenmark und Nerven das Nervensystem und Mund, Speiseröhre, Magen und Darm das Verdauungssystem. Alle **Organsysteme** zusammen bilden den **Organismus,** das eigenständige Lebewesen.

> Ein Organismus ist aus mehreren Organsystemen aufgebaut. Diese bestehen aus Organen, welche wiederum aus Zellen gebildet werden.

Arbeiten mit dem Mikroskop

Mit dem Auge blickt man durch das **Okular.** Es enthält Linsen, die wie eine Lupe das Bild vergrößern, z. B. 10-fach.

Durch Drehen am **Objektiv-revolver** kann man zwischen Objektiven mit unterschiedlichen Vergrößerungen wechseln.

Am **Stativ** kann man das Mikroskop sicher tragen. Es hält die einzelnen Teile zusammen.

Jedes **Objektiv** enthält Linsen, die das Objekt vergrößern. Das längste Objektiv vergrößert meist am stärksten.

Mit dem **Grob-** und **Feintrieb** stellt man das Bild scharf. Dabei wird der Abstand zwischen Objektiv und Objekttisch verändert.

Auf den **Objekttisch** legt man den Objektträger mit dem Objekt.

Der **Fuß** sorgt für einen sicheren Stand

Zur **Beleuchtung** dient eine Lampe.

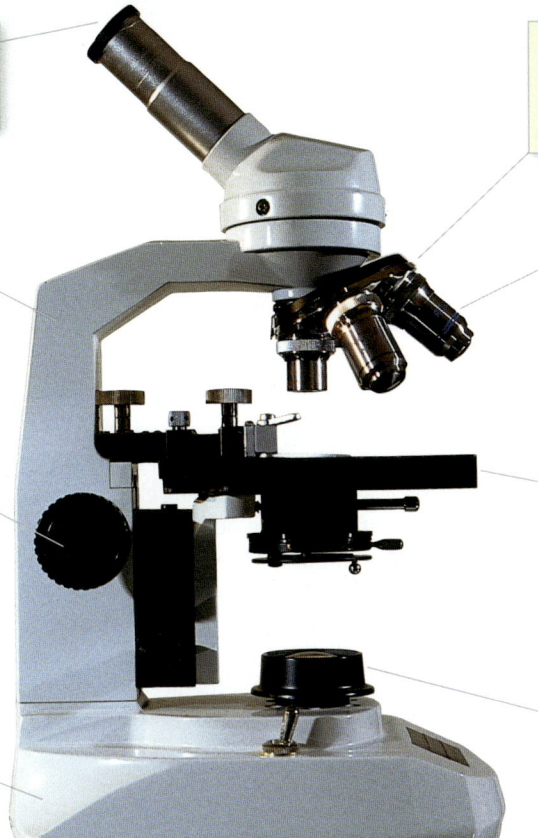

1 Lichtmikroskop

Regeln zum richtigen Mikroskopieren

1. Trage das Mikroskop aufrecht und sicher mit einer Hand am Stativ und einer Hand am Fuß zu deinem Platz
2. Schalte die Beleuchtung ein.
3. Stelle mit dem Objektivrevolver die **kleinste Vergrößerung** ein.
4. Lege den Objektträger so auf den Objekttisch, dass das Objekt direkt über der beleuchteten Öffnung liegt.
5. Schaue durch das Okular und stelle mit Grob- und Feintrieb das Bild scharf.
6. Durch Verschieben des Objektträgers kannst du den Bildausschnitt verändern.
7. Erst wenn das Bild scharf ist, darfst du durch Drehen des Objektivrevolvers die nächstgrößere Vergrößerung einstellen. Du musst dann nur noch mit dem Feintrieb die Schärfe nachregulieren.

WICHTIG: Das Objekt darf das Objektiv nie berühren. Besonders bei stärkeren Vergrößerungen und damit größeren Objektiven musst du aufpassen!

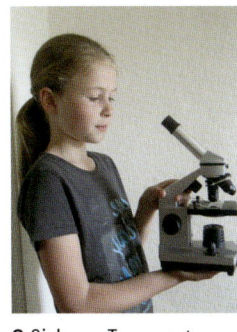

2 Sicherer Transport

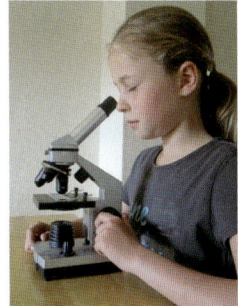

3 Beim Mikroskopieren

METHODE

Präparieren

Erste Untersuchungen

Mikroskopiere zuerst ein vorgefertigtes **Fertigpräparat.** Willst du eigene Untersuchungen anstellen, dann legst du einfach ein Objekt auf einen Objektträger. Als derartiges **Trockenpräparat** eignen sich beispielsweise Haare mit Haarwurzel, eine Feder, Insektenflügel oder auch Kreidestaub.

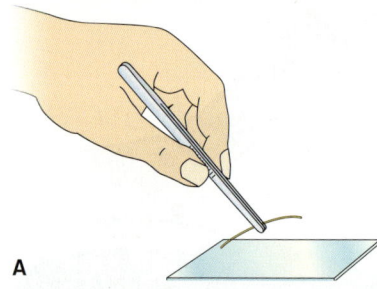

A

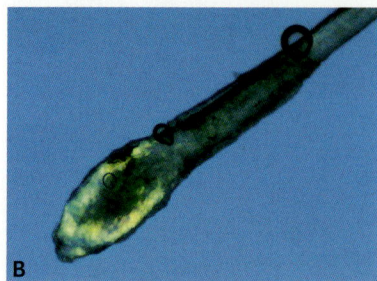

B

1 Trockenpräparat: **A** Anfertigung eines Trockenpräparats, **B** Haar mit Haarwurzel

Feuchtpräparate

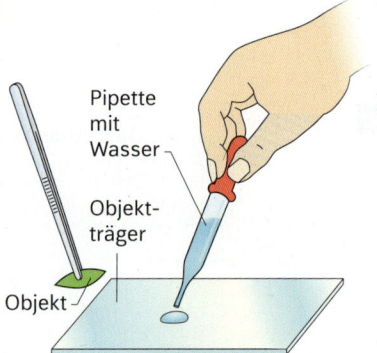

Pipette mit Wasser

Objektträger

Objekt

Für die meisten Präparate wie beispielsweise Pflanzenteile benötigt man zum Mikroskopieren Wasser. Deshalb werden diese als **Feuchtpräparate** bezeichnet.
Gib mithilfe einer Pipette einen Tropfen Wasser auf einen Objektträger. Lies zum Umgang mit der Pipette auf S. 21 nach. Mit der Pinzette kannst du nun das Objekt, wie zum Beispiel das Blatt der Wasserpest, auf diesen Tropfen legen.

HINWEIS
Um die Ergebnisse zu dokumentieren, fertigt man Skizzen von dem an, was man gesehen hat. Dabei ist es wichtig, Name, Datum, Vergrößerung und das untersuchte Objekt zu notieren.

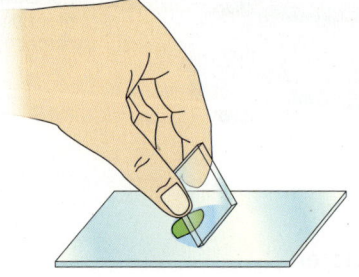

Nun deckst du das Objekt mit einem Deckglas ab. Setze das Deckglas dazu mit einer Kante schräg auf den Objektträger auf. Jetzt lässt du es langsam über dem Objekt absinken.

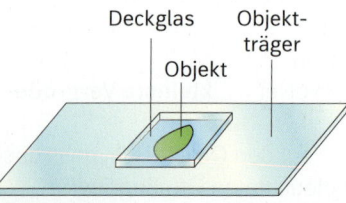

Deckglas

Objektträger

Objekt

Je sorgfältiger dies geschieht, desto weniger Luftbläschen entstehen, die beim Mikroskopieren stören.

2 Anfertigungen eines Feuchtpräparates

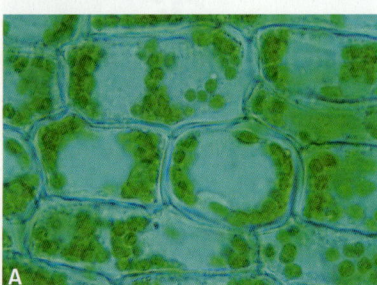

A

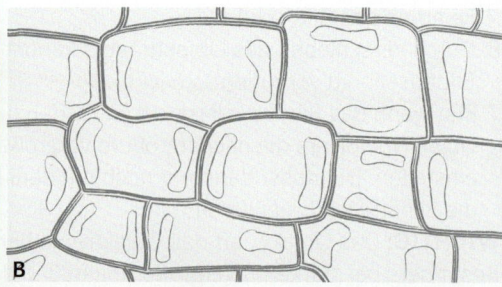

B

Name: Maja Muster

Datum: 11. 06. 2016

Präparat: Wasserpest

Vergrößerung: 400-fach

3 Feuchtpräparat: **A** Wasserpest, **B** Skizze des mikroskopischen Bildes

Umgang mit Labor- und Messgeräten

Im Biologieunterricht wirst du immer wieder Versuche durchführen. Dazu benötigt man spezielle Geräte.

Reagenzgläser, Erlenmeyerkolben und Bechergläser

Das sind die wichtigsten Glasgeräte in einem Labor. Sie bestehen meist aus Laborglas, das viel widerstandsfähiger ist als normales Glas. Man kann es beispielsweise direkt erhitzen und danach auch sofort mit Eis wieder abkühlen. In einem Erlenmeyerkolben kann man Flüssigkeiten schwenken, ohne dass etwas herausspritzt.

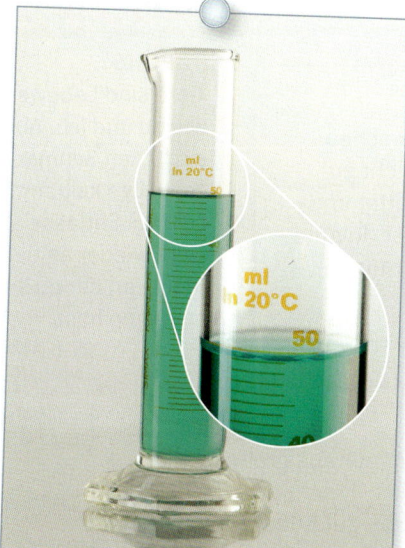

Messzylinder

Mithilfe eines Messzylinders kann man eine bestimmte Menge einer Flüssigkeit abmessen. Beim Ablesen muss man beachten, dass die Flüssigkeit am Rand hochgezogen wird. Deshalb liest man in der Mitte ab.

Messgeräte

Bei Versuchen muss man immer wieder etwas messen. Zur Messung von Längen eignen sich je nach Abmessungen ein Lineal, ein Maßband oder ein Meterstab. Will man eine Zeit genau messen, so benötigt man eine Stoppuhr. Zur Messung des Gewichts braucht man eine Waage mit geeigneter Genauigkeit.

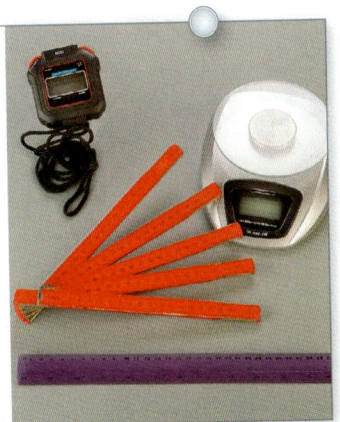

Thermometer

Bei manchen Versuchen muss die Temperatur gemessen werden. Dies macht man mit einem Thermometer, mit dem man sehr vorsichtig umgehen muss.

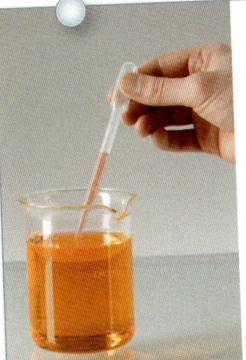

Pasteurpipette

Mit Pipetten lassen sich Flüssigkeiten tropfenweise zugeben. Drückt man das Hütchen oben zusammen, so wird die Flüssigkeit herausgepresst. Lässt man es wieder los, kann Flüssigkeit aufgesaugt werden. Man darf die Pipette nie mit der Öffnung nach oben halten.

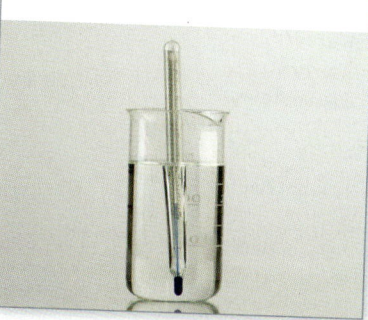

PINNWAND

Arbeiten wie ein Biologe – Tiere beobachten wie die Profis

Vorbereitung

Zur Beobachtung von Tieren musst du dich gut vorbereiten. Folgendes solltest du vorher klären:

1. Welche Tiere werden beobachtet und wo findest du sie?
2. Wann ist die beste Zeit, die Tiere zu beobachten?
3. Welche Ausrüstung und Kleidung brauchst du?

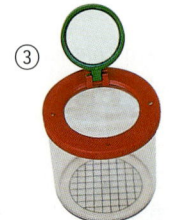

Verhalten beim Beobachten

Tiere in der freien Natur sind häufig sehr scheu. Deshalb solltest du darauf achten, sie nicht zu verscheuchen. Wenn du dich ruhig verhältst und keine hastigen Bewegungen machst, hast du gute Chancen, Tiere über einen längeren Zeitraum beobachten zu können.

HINWEIS

Tiere sind Lebewesen wie du und ich. Auch sie fühlen Schmerzen. Füge keinem Tier Leid zu. Entlasse alle Tiere wieder an der Stelle, an der du sie gefangen hast.

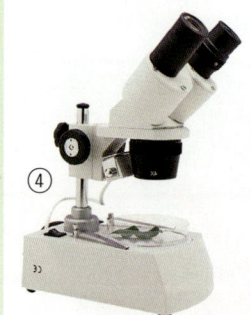

Ausrüstung

Vögel und Säugetiere kann man häufig nur aus großer Entfernung beobachten. Dazu ist ein Fernglas (1) sehr praktisch. Kleinere Tiere lassen sich mit einer Lupe gut betrachten. Eine Leselupe (2) erfüllt meist schon diesen Zweck. Da viele Tiere wie Insekten oder Spinnen versuchen zu entkommen, eignen sich Becherlupen (3) hierfür bestens. Wenn du besondere Einzelheiten wie Insektenaugen oder Spinnenhaare erkennen willst, benötigst du eine Stereolupe (4), die eine stärkere Vergrößerung ermöglicht. Dieses Instrument ist aber empfindlich und schwer zu transportieren. Deshalb sollte es besser nur im Unterrichtsraum verwendet werden. Fotos (5) machen die spätere Präsentation der Ergebnisse viel schöner.

Beobachtungsbogen

Von:

Datum: Uhrzeit:

Wetter:

Tierart:

Lebensraum:

Verhalten/Tätigkeit:

Besondere Beobachtungen

Dokumentation

Kurze, aber exakte Notizen helfen dir, die in der Natur gemachten Beobachtungen zu dokumentieren. Praktisch ist dazu ein **Beobachtungsbogen.** Bei der Auswertung tragt ihr eure Ergebnisse zusammen und überlegt, wie ihr sie euren Mitschülern präsentieren wollt.

1. ☰ Ⓐ

Ein Biologe will im Bayerischen Wald Luchse beobachten. Welche der oben abgebildeten Geräte sollte er dazu einpacken? Begründe deine Entscheidung.

Biologie – Wissenschaft des Lebendigen

Biologie
Biologen sind Wissenschaftler. Sie beschäftigen sich mit Lebewesen und Lebensvorgängen.

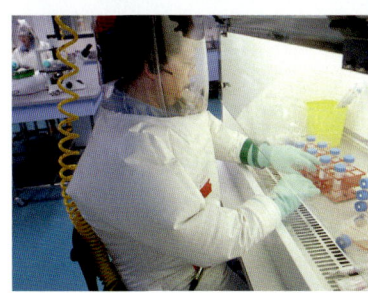

Bewegung

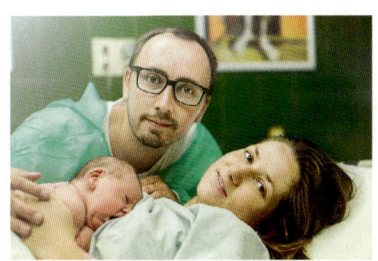

Fortpflanzung

Reizbarkeit

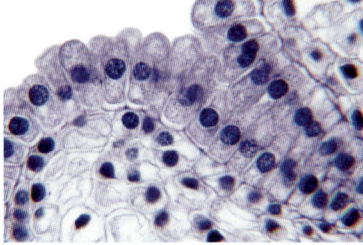

Aufbau aus Zellen

Kennzeichen des Lebendigen

Sterblichkeit

Wachstum und Entwicklung

Stoffwechsel

BASISKONZEPTE

System

Struktur und Funktion

Entwicklung

Struktur und Funktion
→ Variabilität und Angepasstheit

1. ≣ Ⓐ

a) Beschreibe die Gliedmaßen der abgebildeten Lebewesen.

b) Erkläre, welche Aufgaben die Gliedmaßen bei dem jeweiligen Lebewesen haben.

c) Nenne das Kennzeichen des Lebendigen, das hier verdeutlicht wird. → S. 13

A

B

C

D

A
B

C

Entwicklung

2. ≣ Ⓐ

a) Beschreibe, was man unter Entwicklung versteht.

b) Beschreibe die Entwicklung der folgenden Lebewesen:
- Mensch
- Maus

c) Beschreibe mithilfe der Abbildungen die Entwicklung einer Eiche. → S. 13, 15

◔ Biologie – Wissenschaft des Lebendigen

Biologie

Kannst du schon ...

... den Begriff Biologie definieren? (S. 10)
... einige Teilbereiche der Biologie nennen? (S. 10)

Zeig, was du kannst!

1. ≣ Ⓐ
a) Nenne die Kennzeichen des Lebendigen, die du auf dem Bild unten erkennen kannst.
b) Begründe deine Antworten.

2. ≣ Ⓐ
Die Lieblingsspeise von Mäusen ist nicht, wie oft vermutet, Käse. Beschreibe einen möglichen Versuch, mit dem ein Wissenschaftler das herausgefunden hat.

3. ≣ Ⓐ
Feuer verbraucht sowohl Holz als auch Sauerstoff und kann auf andere brennbare Dinge überspringen. Es verändert dabei seine Gestalt und man kann es löschen.

Kennzeichen des Lebendigen

Kannst du schon ...

... die Kennzeichen des Lebendigen nennen? (S. 13)
... ein Lebewesen von etwas Unbelebtem unterscheiden? (S. 13)
... anhand von Beispielen belegen, dass es sich bei einem Menschen um ein Lebewesen handelt? (S. 14)
... begründen, warum auch Pflanzen Lebewesen sind? (S. 15)
... die kleinsten Bausteine eines Lebewesens benennen? (S. 18)
... die Teile eines Mikroskops benennen? (S. 19)
... die Schritte beim Mikroskopieren beschreiben? (S. 19)
... den Erkenntnisweg in der Biologie beschreiben? (S. 11)
... wichtige Labor- und Messgeräte benennen? (S. 21)

Zeig, was du kannst!

a) Nenne die Kennzeichen des Lebendigen, die das Feuer zeigt.
b) Kann man es deshalb als Lebewesen bezeichnen? Begründe deine Antwort.

4. ≣ Ⓐ
a) Benenne die Teile des Mikroskops.
b) Beschreibe, wie man ein Feuchtpräparat herstellt.
c) Beschreibe, wie man vorgeht, um ein Präparat im Mikroskop betrachten zu können und was dabei zu beachten ist.

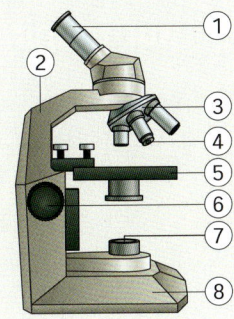

Wichtige Begriffe:

- Biologie
- Kennzeichen des Lebendigen
- Zelle
- Mikroskop

Der Körper des Menschen

Kann auch ich einen Marathonlauf über 42 Kilometer an einem Stück bewältigen?

Wie reagiert ein Muskel auf Training?

Warum kann ich die Luft nur für kurze Zeit anhalten?

Organsysteme in unserem Körper

1. ☰ Ⓐ
Beschreibe, wie das Atmungssytem und das Herz-Kreislaufsystem zusammenarbeiten.

2. ☰ Ⓐ
a) Beschreibe, wie Nervensystem und Bewegungssystem miteinander verbunden sind.
b) Erkläre anhand eines Fußballspiels, wie die Zusammenarbeit der beiden Systeme funktioniert.

Organsysteme arbeiten zusammen

Das haben viele schon einmal erlebt: Man fährt mit dem Fahrrad eine Straße entlang und plötzlich kommt ein Auto aus einer Seitenstraße. Jetzt hilft nur kräftiges Bremsen oder schnelles Ausweichen. Für diese Reaktionen werden im Körper viele Organe aktiviert. Sie arbeiten in Gruppen, den **Organsystemen,** zusammen. Aber auch zwischen den Organsystemen gibt es zahlreiche Verbindungen.

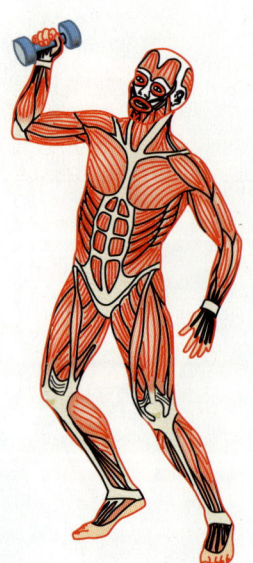

Bewegungssytem

Um beim Bremsen kräftig zupacken zu können, sind Muskeln notwendig. Muskeln können aber nur arbeiten, wenn sie einen festen Halt haben. Diesen liefert das Skelett. Es besteht aus Knochen und stützt den Körper. Damit das Skelett trotz der starren Knochen beweglich bleibt, sind die einzelnen Knochen durch Gelenke verbunden.

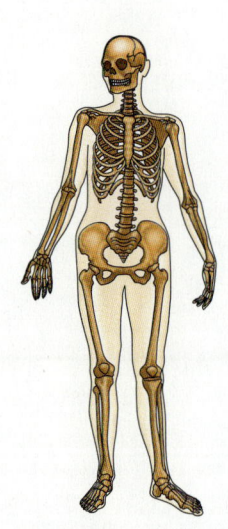

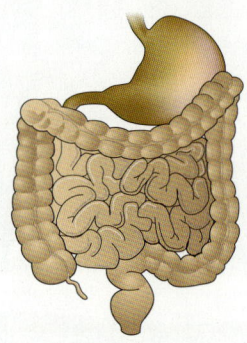

Verdauungssystem und Ausscheidungssytem

Ohne Treibstoff läuft der beste Motor nicht! Der „Treibstoff", den der Körper für alle Lebensvorgänge braucht, besteht aus Nährstoffen. Damit der Körper diese verwerten kann, müssen sie in kleinste Einzelteile zerlegt werden. Dies beginnt schon im Mund. Im Darm werden die Nährstoffe dann vollständig zerlegt und an das Blut abgegeben. Was nicht verdaut werden kann, scheidet der Körper als Kot aus.
Abfallstoffe aus dem Blut werden von den Nieren herausgefiltert. Sie landen als Urin in der Harnblase und werden schließlich ausgeschieden.

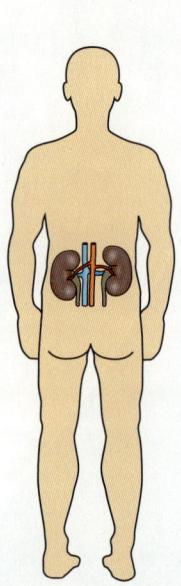

1 Schreck beim Radfahren

Atmungssystem

Nach einem Schreck wie den durch das herannahende Auto „schnappen wir nach Luft". Die Luft gelangt durch Nase und Luftröhre in die Lunge. Dort wird Sauerstoff aus der Luft in das Blut abgegeben. Umgekehrt gelangt Kohlenstoffdioxid aus dem Blut in die Lunge und wird ausgeatmet.

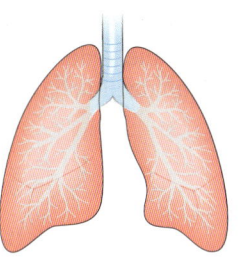

Herz- Kreislaufsystem

Als Reaktion den Schreck schlägt das Herz „bis zum Hals". Das Herz pumpt das Blut in einem Netz aus Blutgefäßen durch den Körper. Bei Schreck und großer Anstrengung wird das Blut schneller gepumpt. Der Körper entnimmt dem Blut Sauerstoff und Nährstoffteilchen und gibt Kohlenstoffdioxid und andere Abfallstoffe an das Blut ab. Mithilfe von Lunge und Nieren werden diese dann ausgeschieden.

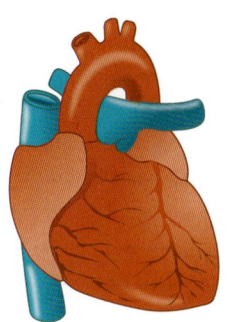

Nervensystem

Mit den Augen nimmt man das heranfahrende Auto war. Über Nerven gelangt diese Information zum Gehirn. Dieses entscheidet blitzschnell, ob Bremsen oder Ausweichen besser ist und gibt den entsprechenden Befehl über weitere Nerven an die Muskeln. In ähnlicher Weise werden alle Organsysteme gesteuert.

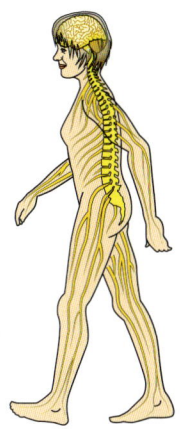

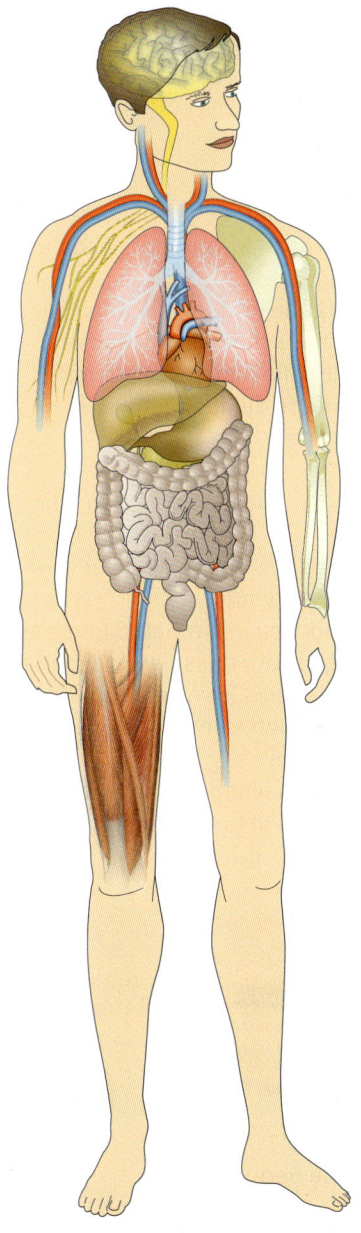

Das Bewegungssystem, die Verdauungs und Ausscheidungssysteme, das Atmungssystem, das Herz-Kreislaufsystem und das Nervensystem, sind Organsysteme, durch deren Zusammenwirken unser Körper funktionieren kann.

Das Skelett gibt dem Körper Halt

1. ▤ ⓠ
Untersuche dein Skelett mithilfe des Notitzzettels. Nimm das Buch und das Internet zu Hilfe.

Forschungsaufträge am Skelett

- Gesamtzahl der Knochen des menschlichen Skeletts: 153, 210 oder 317?
- Länge der größten und der besonders kleinen Knochen bestimmen. Hinweis: Der mit nur 2,7 mm kleinste Knochen des Skeletts befindet sich im Mittelohr.
- Anzahl der Knochen, aus denen die Hand besteht, bestimmen. Beweglichkeit des Handgelenks und der Finger feststellen.
- Hohlräume des Skeletts nennen und die in ihnen geschützt liegenden Organe aufzählen.

Eiffelturm (Paris), 324 m hoch

4. ▤ Ⓐ
a) Betrachte die Bauweise des Eifelturms und vergleiche sie mit der Abbildung des Oberschenkelknochens auf der nächsten Seite.
b) Welche Aufgabe erfüllen die Knochenbälkchen im Oberschenkelknochen und welche Aufgabe die Metallstreben im Eiffelturm? Notiere deine Ergebnisse.

2. ▤ Ⓐ 🖰
a) Vergleiche Arm- und Beinskelett miteinander und nenne Gemeinsamkeiten im Aufbau. Stelle dazu die einander entsprechenden Knochen in einer Tabelle gegenüber.

Armskelett	Beinskelett
Oberarm	Oberschenkel
Elle	

b) Begründe, warum die Knochen des Beinskeletts viel kräftiger als die des Armskeletts sind.

5. ▤ Ⓥ
Besorge dir den Knochen eines Hähnchenbeins.
- Säubere den Knochen mit Wasser von Fleisch und Fettresten.
- Lege den Knochen in ein Gefäß und gieße so viel Essig hinein, dass der Knochen vollständig bedeckt ist. Vorsicht! Nicht ins Auge spritzen! Bedecke das Ganze dann mit einem Deckel.
- Entnimm den Knochen nach drei bis vier Tagen, säubere ihn unter Wasser und versuche, ihn zu verbiegen.

3. ▤ Ⓥ 🖰
a) Baue das abgebildete Modell eines Röhrenknochens nach.
b) Teste mithilfe von Büchern oder anderen Gewichten, aus welchen Richtungen Röhrenknochen besonders gut belastet werden können.

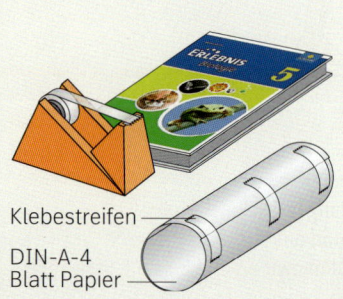

Klebestreifen

DIN-A-4 Blatt Papier

TIPP
Essig löst Kalk auf.

a) Was fällt dir auf?
b) Erkläre deine Beobachtung.

Erwachsene Menschen haben ungefähr 210 Knochen. Man fasst die Knochen nach ihrer Lage und Funktion zu Knochengruppen zusammen, die du an den unterschiedlichen Farben auf der Abbildung erkennen kannst.

Das Skelett stützt den Körper

Die Gesamtheit der Knochen nennt man Skelett oder Knochengerüst. Wie ein Gerüst sich selbst trägt, so stützt das Skelett den gesamten Körper. Das **Armskelett** ermöglicht die Ausübung sehr vieler Tätigkeiten. Es ist über den **Schultergürtel** an der Wirbelsäule befestigt. Das **Beinskelett** trägt das Körpergewicht. Über den **Beckengürtel** ist es mit der Wirbelsäule beweglich verbunden.

Das Skelett schützt den Körper

Kleine Stöße und Verletzungen lassen sich im Alltag nicht vermeiden. Vor größeren Verletzungen ist man durch das Skelett aber gut geschützt. Der **Schädel** umgibt das Gehirn wie ein Schutzhelm und verhindert so Verletzungen. Ähnlich schützt der **Brustkorb** das Herz und die empfindliche Lunge.

Knochen sind stabil

Röhrenknochen sind innen markhaltig. **Kalkverbindungen** in den Knochen sorgen für deren Festigkeit, **Knorpelanteile** machen sie dennoch elastisch. Durch dieses Zusammenspiel bleiben Knochen biegsam und halten dennoch großen Belastungen stand.

Das Skelett stützt den Körper und schützt innere Organe. Es besteht aus Schädel, Wirbelsäule, Brustkorb, Schulter- und Beckengürtel, sowie Arm- und Beinskelett.

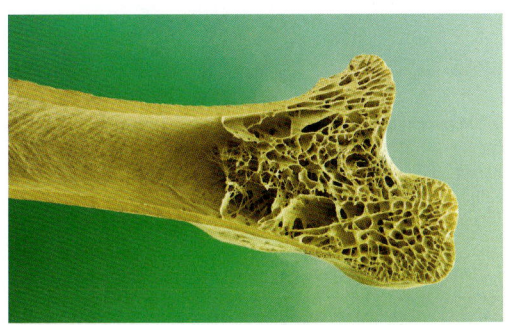

1 Oberschenkelknochen (Längsschnitt)

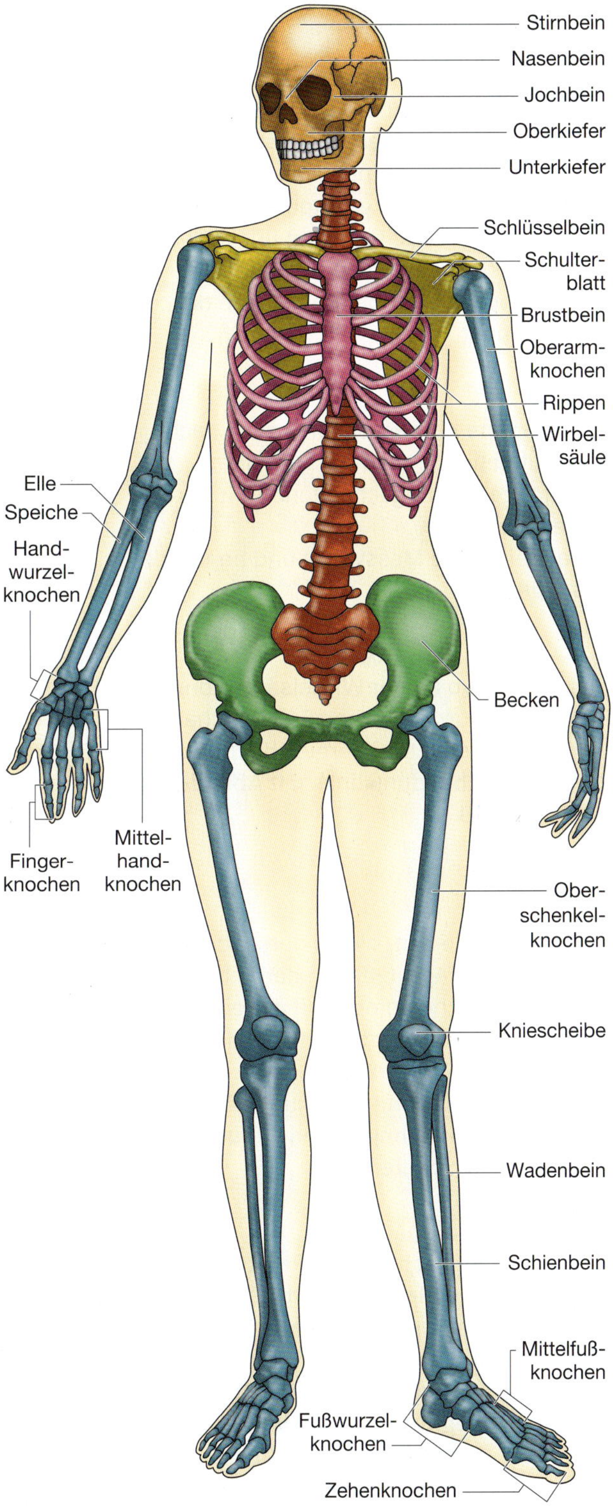

Stirnbein
Nasenbein
Jochbein
Oberkiefer
Unterkiefer
Schlüsselbein
Schulterblatt
Brustbein
Oberarmknochen
Rippen
Wirbelsäule
Elle
Speiche
Handwurzelknochen
Becken
Fingerknochen
Mittelhandknochen
Oberschenkelknochen
Kniescheibe
Wadenbein
Schienbein
Mittelfußknochen
Fußwurzelknochen
Zehenknochen

2 Skelett des Menschen:
Schädel, Wirbelsäule, Brustkorb, Schultergürtel, Beckengürtel, Arm- und Beinskelett

Basiskonzepte S. 49

Die Wirbelsäule – Hauptstütze des Skeletts

1. V

a) Beuge deinen Rumpf nach vorne, nach hinten und zu beiden Seiten. Beschreibe, in welchen Abschnitten der Wirbelsäule welche Bewegungen möglich sind. Wo ist die Beweglichkeit am größten?
b) Ertaste die Wirbelsäule am Rücken deines Partners. Nenne die Teile der Wirbelknochen in Abbildung 1C, die du fühlen kannst.

2. V

a) Miss deine Körperhöhe morgens nach dem Aufstehen und abends vor dem Schlafengehen möglichst genau. Notiere diese Ergebnisse.
b) Vergleiche die Messwerte und begründe das Ergebnis.

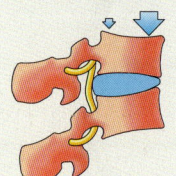

3. A

Wo an der Wirbelsäule können durch falsches Sitzen Schäden auftreten? Vergleiche dazu die Abbildung links mit Abbildung 1B.

4. A

a) Berechne die Zeit, die du durchschnittlich an einem Tag sitzend in der Schule verbringst. Rechne diese Zeit auf ein Schuljahr hoch. Ein Schuljahr hat durchschnittlich 182 Schultage.
b) Wieviel Zeit verbringst du ungefähr während deiner zehnjährigen Schulzeit sitzend in der Schule?

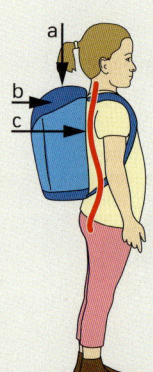

5. A

Betrachte die linke Abbildung. Die Pfeile zeigen dir, wie du deinen Schulranzen optimal einstellst.
a) Ordne den Pfeilen folgende Begriffe zu: Abschluss in Schulterhöhe – dicht am Körper – Schultasche senkrecht.
b) Überprüfe, ob dein Schulranzen richtig eingestellt ist.

Die Wirbelsäule hält den Körper aufrecht

Als stabile, aber trotzdem bewegliche Stütze durchzieht die Wirbelsäule deinen Körper. Weil sie wie ein „Doppel-S" gekrümmt ist, kann sie beim Laufen und Springen Stöße abfedern. Die Wirbelsäule besteht aus übereinander gelagerten **Wirbelknochen.** Dazwischen liegen elastische **Bandscheiben,** welche Bewegungen ermöglichen. Sie wirken beim Laufen und Springen als Stoßdämpfer. Abends sind die Bandscheiben flacher als am Morgen, weil durch das Körpergewicht Wasser aus ihnen herausgepresst wurde. Alle Wirbel werden untereinander durch starke Muskeln und Bänder zu einer stabilen und beweglichen Säule verspannt. Zwischen Wirbelkörper und Wirbelbogen befindet sich das Wirbelloch. Übereinander gereiht bilden diese Öffnungen den **Wirbelkanal.** Hier verläuft gut geschützt das **Rückenmark,** der Hauptnervenstrang. **Dorn-** und **Querfortsätze** an den Wirbelknochen dienen als Ansatz für die Rückenmuskulatur.

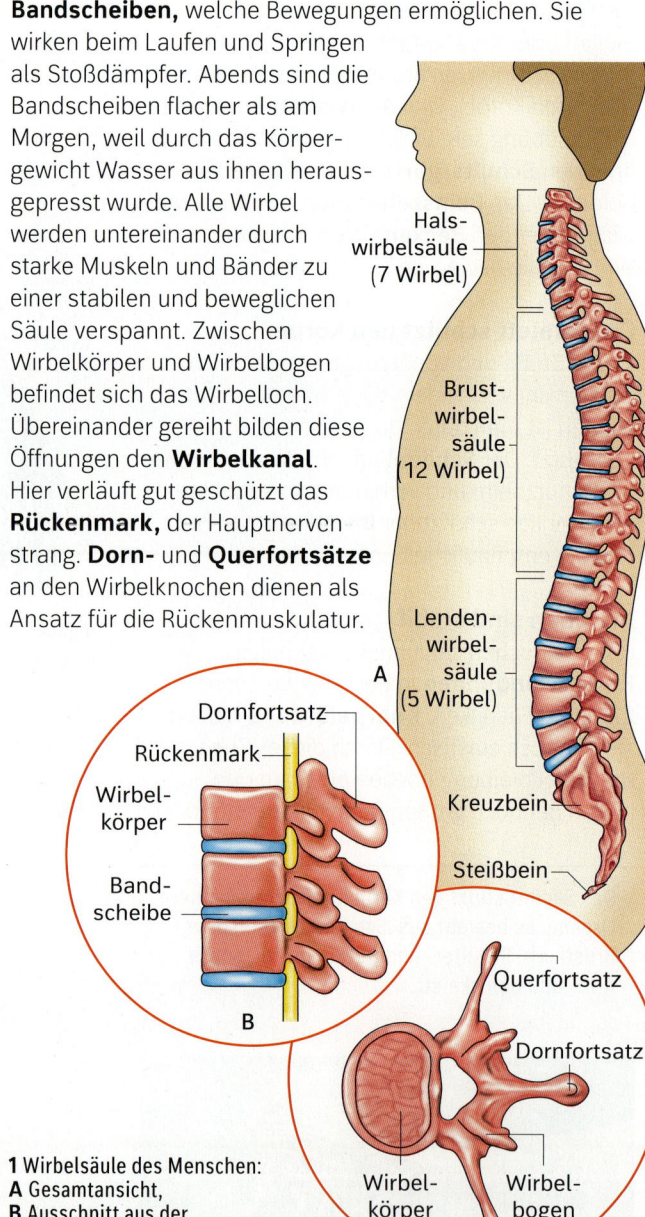

1 Wirbelsäule des Menschen:
A Gesamtansicht,
B Ausschnitt aus der Lendenwirbelsäule,
C Lendenwirbel in der Ansicht von oben

Die Wirbelsäule hält den Körper aufrecht und federt Stöße ab.

Arbeiten mit Modellen

Modelle machen Kompliziertes einfach

Modelle veranschaulichen die Wirklichkeit und helfen, sie besser zu verstehen. Dabei werden nur bestimmte Eigenschaften und Merkmale des Originals vereinfacht dargestellt. Modelle werden immer dann eingesetzt, wenn komplizierte Sachverhalte besonders anschaulich gezeigt werden sollen.

Mit dem rechts abgebildeten Modell kannst du den **Bau der Wirbelsäule** sehr viel leichter verstehen.

Du erkennst sofort, dass sie sich im Wesentlichen aus zwei Bestandteilen zusammensetzt. Dies zeigt folgende Tabelle:

Wirklichkeit	Modell
Wirbelkörper	Scheiben aus Wellpappe
Bandscheiben	Scheiben aus Schaumstoff

Das Modell veranschaulicht aber noch mehr. Mit einem einfachen Versuch kannst du dir die **Funktion der Wirbelsäule** verdeutlichen:

- Drückst du von oben auf das Modell, verformt sich der Schaumstoff. Du erkennst daran, dass die Bandscheiben für die stoßdämpfende Wirkung der Wirbelsäule verantwortlich sind.
- Belastest du das Modell seitlich, dann neigt es sich, was dir die seitliche Beweglichkeit der Wirbelsäule verdeutlicht.

Modelle zeigen nicht alles!

Auch wenn das Modell den Bau und die Funktion der Wirbelsäule recht gut veranschaulicht, so hat es doch auch seine Grenzen:

- Der unterschiedliche Bau von Hals-, Brust- und Lendenwirbeln wird nicht gezeigt.
- Weder Wirbelkanal noch die Dornfortsätze sind zu erkennen. Das Gleiche gilt für die stabilisierenden Muskeln und Bänder.
- Es ist nicht erkennbar, dass die Wirbel im Brustbereich mit den Rippen verbunden sind.
- Im Bereich der Lendenwirbelsäule ist auch eine Drehbewegung möglich. In unserem Modell wird dies nicht deutlich.

Bauanleitung:

- Schneide 11 runde Scheiben aus Wellpappe und 10 aus Schaumstoff (0,5 cm dick) heraus. Der Durchmesser sollte ca. 5 cm betragen.
- Verbinde die Teile mit Kunststoffkleber oder Silikon.

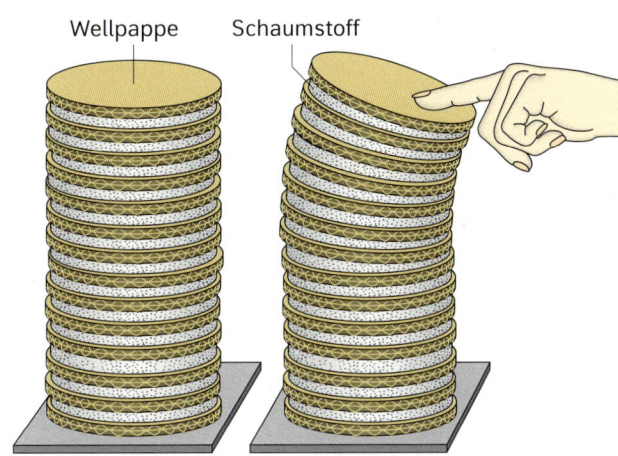

Wellpappe   Schaumstoff

1 Einfaches Modell der Wirbelsäule

1. ☰ Ⓥ ⬀

a) Biege mit zwei 40 cm langen und ca. 2 mm dicken Drahtstücken die unten abgebildeten Wirbelsäulenformen nach. Achte dabei genau auf die unterschiedliche Krümmung. Überprüfe, welches Modell mehr der menschlichen Wirbelsäule ähnelt.

b) Belaste beide Modelle, z. B. mit einem Murmelsäckchen oder etwas Ähnlichem.

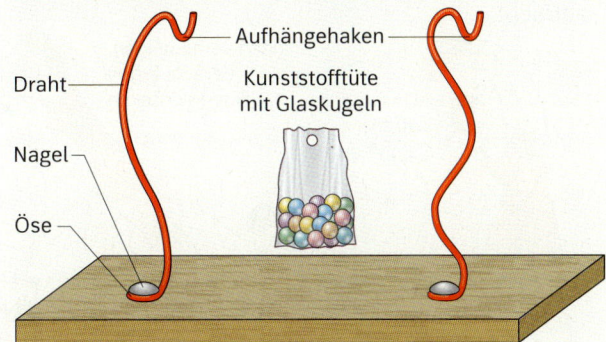

Draht — Nagel — Öse

Aufhängehaken
Kunststofftüte mit Glaskugeln

c) Beschreibe, wie beide Modelle auf die Belastung reagieren. Welche Form ist stärker belastbar?

d) Vergleiche in einer Tabelle Wirklichkeit und Modell.

METHODE

Bewegte Schule

1. ☰ Ⓐ ◐

Hier findet ihr Beispiele für aktive Pausenspiele mit Sprungseil, Ball, Tennisring und Jongliertuch.

a) Probiert sie aus und überlegt euch weitere Bewegungsspiele.

b) Stellt diese euren Mitschülern vor.

2. ☰ Ⓐ

Beim sogenannten „Stretching" werden die Muskeln vor dem Sport behutsam gedehnt und so erwärmt. Halte dabei die Spannung der Muskeln immer einige Sekunden lang aufrecht.

seitliche Rumpfbeugen

nach vorne neigen, Ferse auf den Boden drücken

Hüfte nach vorn abwärts drücken

Fuß ans Gesäß hochziehen, Becken vorschieben

Muskeltraining im Klassenzimmer

Folgende Übungen verhindern, dass du durch zu langes Sitzen unbeweglich und steif wirst. Außerdem fördern sie die Konzentration!

- Wiederhole jede Übung 5 x mit jeweils 2 Sekunden Pause.
- Halte die Muskelspannung 5 Sekunden aufrecht.
- Brich die Übung ab, wenn du Schmerzen spürst.

Stärkung der Halsmuskeln:
Drücke den Kopf gegen die gefalteten Hände.

Stärkung der Rückenmuskeln:
Ziehe die Ellenbogen kräftig auseinander.

Stärkung der Brustmuskeln:
Presse die Handflächen fest gegeneinander.

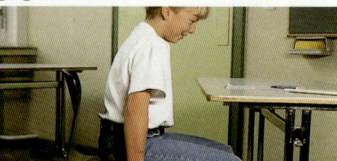

Stärkung des unteren Rückens:
Richte den Rücken gegen den Widerstand auf.

Haltung bewahren

1. ≡ **V**

Eine Schultasche sollte ein Leergewicht zwischen 2 und 4 kg haben. Eine gepackte Schultasche sollte höchstens 10 Prozent deines Körpergewichts erreichen.

- Wiege dich zuhause auf einer Personenwaage.
- Rechne nun 10 Prozent deines Körpergewichts aus. Lass dir, wenn nötig, von deinen Eltern dabei helfen oder nimm die Methodenseite „mit Tabellen und Diagrammen arbeiten" zu Hilfe. Notiere den Wert.
- Wiege deine leere Schultasche auf derselben Waage.
- Wiege deine gepackte Schultasche eine Woche lang jeden Morgen vor der Schule auf derselben Waage und trage die Werte in eine Tabelle ein.

	Mo	Di	Mi	Do	Fr
Gewicht in kg					

a) Hat deine Schultasche das richtige Leergewicht?
b) Überprüfe, an wie vielen Wochentagen das Gewicht deiner gepackten Schultasche zehn Prozent deines Körpergewichts überschreitet.
c) Welche Folgen kann eine auf die Dauer zu schwere Schultasche für deinen Rücken haben?
d) Überlege dir Möglichkeiten, wie du das Gewicht deiner Schultasche verringern kannst.

2. ≡ **A**

Beschreibe mithilfe von Abb. 2 die richtige Haltung beim Tragen, Heben und Sitzen. Berücksichtige dabei auch die Form der Wirbelsäule.

> Fehlstellungen der Wirbelsäule können zu Haltungsschäden führen. Richtiges Heben, Tragen und Sitzen beugt Haltungsschäden vor.

Haltungsschäden

Die Wirbelsäule wird durch starke Rumpfmuskeln aufrecht gehalten. Sind diese zu schwach, oder nimmt man häufig eine falsche Haltung ein, kann es zu einer Verkrümmung der Wirbelsäule und zu Fehlstellungen, den **Haltungsschäden,** kommen. Dabei verändert sich die Form der Wirbelsäule. Ist der Bogen an der Brustwirbelsäule zu stark ausgeprägt, entsteht ein **Rundrücken.** Man macht dann einen „Buckel". Betrifft der Fehler die Lendenwirbelsäule, dann spricht man von einem **Hohlrücken** (Hohlkreuz). Ist die Wirbelsäule dauerhaft zur Seite verbogen, spricht man vom **seitlichen Schiefwuchs** (Skoliose). Durch richtiges Verhalten kannst du Haltungsschäden vermeiden. Verkrümmungen kann man vor allem im Jugendalter durch gezielte Gymnastik wieder beseitigen.

Auf die Haltung kommt es an

Wenn du dich viel bewegst, stärkst du deine Rumpfmuskulatur und beugst so Haltungsschäden vor. Auch **richtiges Heben, Tragen** oder **Sitzen** ist gut für deinen Rücken. Halte den Rücken bei diesen Tätigkeiten stets gerade.

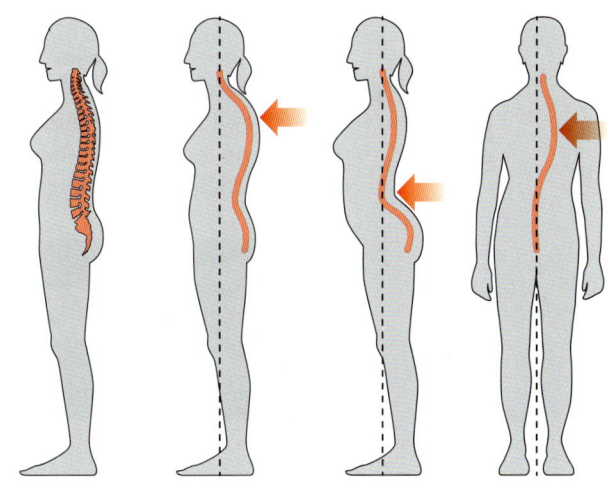

1 Fehlstellungen der Wirbelsäule: **A** Normalstellung, **B** Rundrücken, **C** Hohlrücken, **D** Seitlicher Schiefwuchs

2 Richtige Körperhaltung bei verschiedenen Tätigkeiten

Gelenke machen uns beweglich

1.

Knochen sind durch Gelenke beweglich miteinander verbunden. Das linke Bild zeigt dir, wie biegsam unser Körper dadurch ist.

a) Welche Gelenke sind bei dieser Übung beteiligt?

b) Suche an deinem Körper nach diesen Gelenken und überprüfe, in welche Richtungen du sie bewegen kannst.

Gelenktyp	Beispiele
Kugelgelenk	Hüfte; . . .
. . .	

2.

a) Betrachte das Skelett aus der Biologie-sammlung.

b) Untersuche die Beweglichkeit von Hüft-, Knie-, Ellenbogen- und Handgelenk.

c) Erstelle in einer übersichtlichen Tabelle (siehe links) Beispiele für die verschiedenen Gelenktypen. Finde dafür weitere Beispiele.

3.

Betrachte die drei abgebildeten Gegenstände links, rechts und unten.

a) Welchen Gelenktypen lassen sie sich zuordnen?

b) Wo befinden sich diese Gelenktypen am Skelett?

c) Wo finden weitere Gelenkfor-men z. B. an technischen Geräten bei dir zuhause Anwendung?

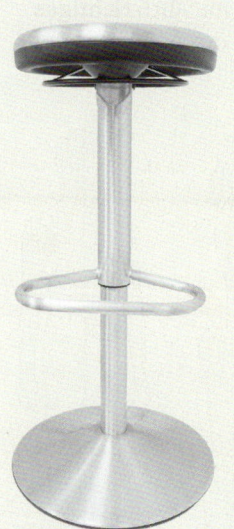

4.

a) Mithilfe der abgebildeten Materialien kannst du dir ein Scharniergelenk bauen.

- Schneide aus einer der beiden Papprollen einen etwa 3 cm breiten Streifen heraus.
- Klebe mit Heiß- oder 2-Komponentenkleber die Rundhölzer an die „Gelenkenden".
- Schiebe beide „Knochen" ineinander und überprüfe die Bewegungsmöglichkeiten.

b) Überlege, wie du das Modell eines Kugelgelenks bauen kannst. Fertige es an und probiere es aus.

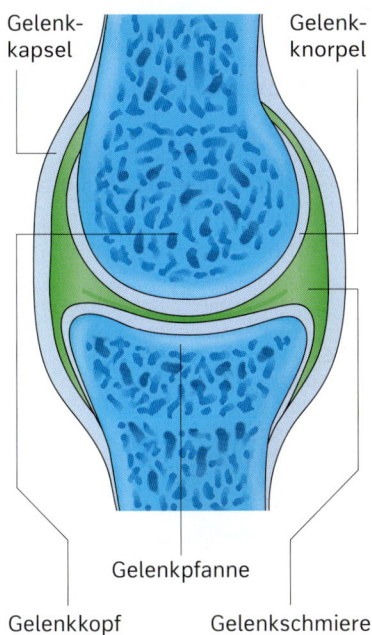

Gelenk-
kapsel

Gelenk-
knorpel

Gelenkpfanne

Gelenkkopf

Gelenkschmiere

1 Bau eines Gelenks

Aufbau eines Gelenks

Damit du dich bewegen kannst, müssen deine Knochen beweglich miteinander verbunden sein. Diese Aufgabe übernehmen die Gelenke. Am Skelett kannst du erkennen, dass das Ende eines Knochens, der **Gelenkkopf,** genau in die Vertiefung des anderen Knochens, die **Gelenkpfanne,** passt. Die **Gelenkkapsel** verbindet beide Knochenenden elastisch und gleichzeitig fest miteinander. Dies wird durch Bänder und Muskeln verstärkt. Damit die beiden Knochen nicht aneinander reiben, sind die Gelenkflächen von **Gelenkknorpel** überzogen. Dieser wirkt wie ein Stoßdämpfer. Im Gelenkspalt befindet sich zusätzlich **Gelenkschmiere.** Sie wirkt wie ein Gleitmittel. Die über 100 Gelenke des Menschen besitzen alle denselben Grundaufbau. Man unterscheidet aber nach ihrer Beweglichkeit mehrere Gelenkformen:

Das Kugelgelenk

Dein Oberschenkel ist fest mit dem Becken verbunden, trotzdem kann sich das Bein in fast alle Richtungen frei bewegen. Das Hüftgelenk nennt man Kugelgelenk, weil sein Gelenkkopf wie eine Kugel aussieht. Auch das Schultergelenk ist ein Kugelgelenk. Kugelgelenke sind die beweglichsten Gelenke deines Körpers.

Das Scharniergelenk

Deinen Unterarm kannst du nur in eine Richtung bewegen. Weil das Ellenbogengelenk an das Scharnier einer Tür erinnert, nennt man es Scharniergelenk. Knie- und Fingergelenke zählen auch dazu.

Das Drehgelenk

Die Drehung deines Kopfes ermöglichen die beiden oberen Halswirbel. Sie sind durch ein Drehgelenk miteinander verbunden.

Das Sattelgelenk

Dein Daumen kann sich in zwei Richtungen bewegen wie ein Reiter auf einem gesattelten Pferd. Nach vorne und hinten, nach links und nach rechts. Das Daumengrundgelenk ist ein Sattelgelenk. Deshalb hat der Daumen eine Sonderstellung gegenüber den anderen Fingern: Er kann der Handfläche gegenübergestellt werden, was z. B. das präzise Greifen und damit den Werkzeuggebrauch ermöglicht.

> Gelenke zwischen den Knochen ermöglichen die Bewegungen. Man unterscheidet Kugel-, Scharnier-, Dreh-, und Sattelgelenke. Ihre Form zeigt, welche Bewegungsrichtungen möglich sind.

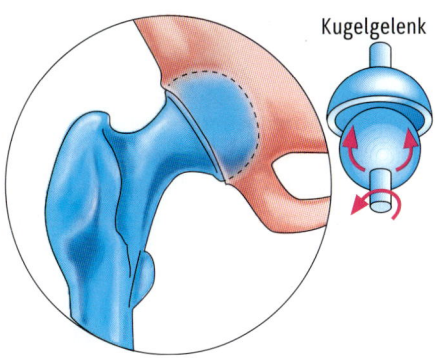

Kugelgelenk

Hüftgelenk

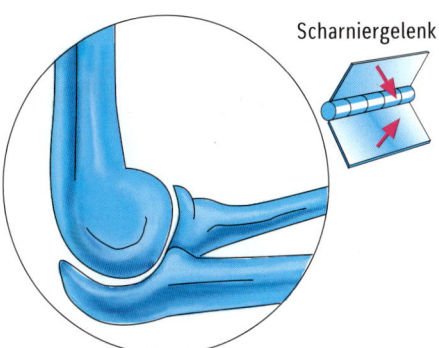

Scharniergelenk

Ellenbogengelenk

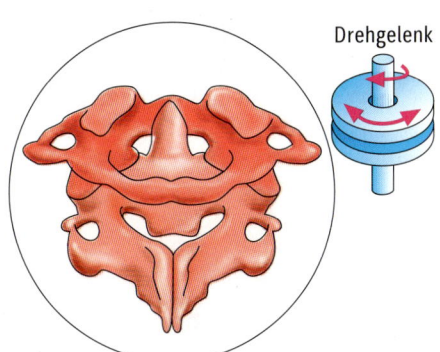

Drehgelenk

Die ersten beiden Halswirbel

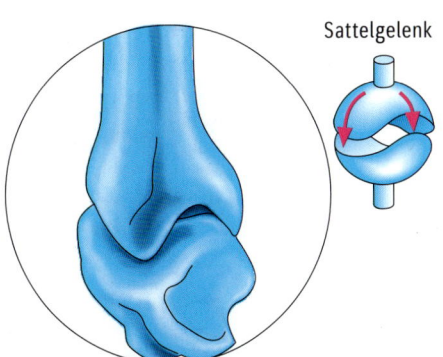

Sattelgelenk

Daumengrundgelenk

2 Gelenktypen

Basiskonzepte S. 49

Muskeln brauchen Training

1. ≣ Ⓐ

Im Fitnesscenter trainieren viele Menschen ihre Muskeln, um gut in Form zu bleiben.
a) Nenne die Muskeln, die bei der Übung auf dem unteren Bild besonders beansprucht werden.
b) Zähle weitere Möglichkeiten auf, Muskeln zu trainieren.

c) Stelle der Klasse deine Lieblingssportart vor und beschreibe, welche Muskeln dabei besonders trainiert werden.

2. ≣ Ⓐ ⓘ

Modelle helfen dir, die Wirklichkeit besser zu verstehen. Vergleiche dazu das von Schülern gebaute Modell der Beinmuskulatur beim Beugen und Strecken mit der Wirklichkeit und benutze dazu unten stehende Tabelle.

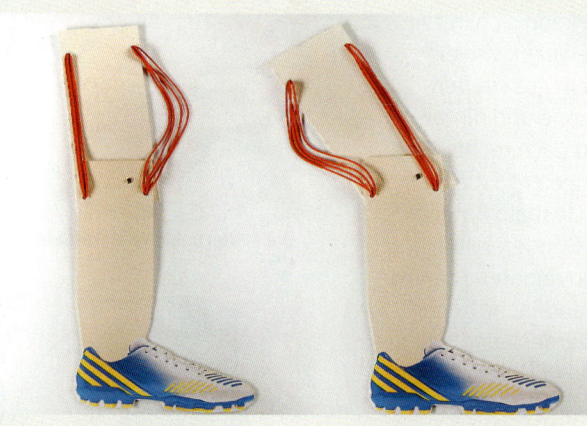

Modell	Wirklichkeit
Rote Bänder	

a) Was stellt das Modell gut dar?
b) Beschreibe Unterschiede gegenüber der Wirklichkeit.

3. ≣ Ⓥ

a) Untersuche den Aufbau einer Schweinshaxe.
b) Nenne die Bestandteile eines Muskels, die du erkennen kannst. Orientiere dich dabei auch an der Zeichnung über den „Feinbau eines Muskels" auf der nächsten Seite.

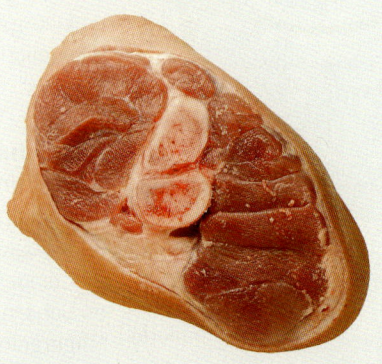

4. ≣ Ⓥ

a) Setze dich auf einen Stuhl vor den Tisch. Drücke mit dem Unterarm von unten gegen die Platte. Ein Mitschüler soll deinen Oberarm umgreifen und fühlen, was mit ihm passiert.
b) Drücke nun von oben gegen die Tischplatte. Was passiert jetzt?
c) Beschreibe, was mit den Oberarmmuskeln in den jeweiligen Versuchen passiert ist. Benutze folgende Begriffe: dünn, dick, hart, weich, kurz, lang, entspannt, angespannt.

5. ≣ Ⓐ ⓘ

a) Betrachte die Abbildung unten und beschreibe, wie ein Muskel auf Training reagiert.
b) Erkläre, warum es wichtig ist, dass der Muskel so reagiert.
c) Was kann mit deinen Muskeln passieren, wenn du dich vor dem Sport nicht genügend aufwärmst?

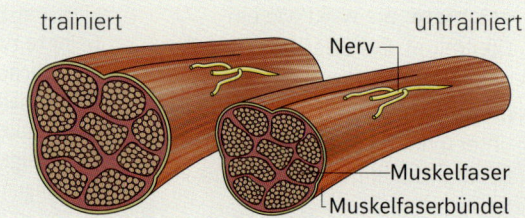

trainiert · untrainiert · Nerv · Muskelfaser · Muskelfaserbündel

Ohne Muskeln keine Bewegung

In deinem Körper befinden sich etwa 600 verschiedene Muskeln, die über die Hälfte des Körpergewichtes ausmachen. Sie ermöglichen dir deine Bewegungen. Deine Muskeln arbeiten im Team. Für ein Lächeln benutzen wir etwa 15 Muskeln und mehr als 40, um unsere Stirn zu runzeln. Die Augenmuskeln spannen sich an einem Tag rund 100 000-mal an. Auf Kurzstrecken ermöglichen die Beinmuskeln maximale Laufgeschwindigkeiten von mehr als 40 km/h.

Muskeln haben einen speziellen Aufbau

Der Muskel ist über eine stabile **Sehne** mit dem Knochen verbunden. Betrachtest du den Querschnitt des Muskels, so kannst du einzelne **Muskelfasern** erkennen. Zusammen bilden sie **Muskelfaserbündel,** die in **Bindegewebe** eingebettet sind. Blutgefäße versorgen den Muskel mit Nährstoffen und Nerven leiten Informationen weiter.

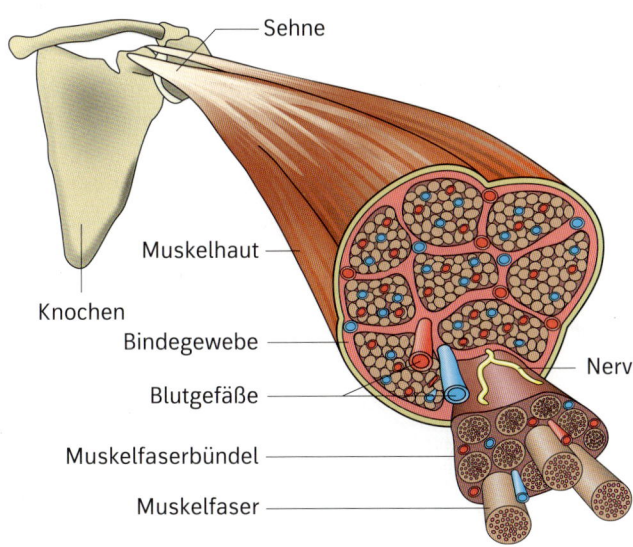

1 Feinbau eines Muskels

Muskeln arbeiten zusammen

Beugst du deinen Arm, wird der Unterarm Richtung Oberarm gezogen. Den Muskel, der dafür zuständig ist, nennt man **Beuger** (Bizeps). Beim Beugen zieht sich der Muskel zusammen. Er wird kürzer und dicker. Zum Strecken des Armes muss der Muskel wieder gedehnt werden. Das kann er nicht selbstständig. Deshalb braucht er einen **Gegenspieler,** in diesem Fall ist das der **Strecker** (Trizeps). Er befindet sich an der Rückseite des Oberarms. Der Strecker wird dick und kurz. Der Beuger entspannt sich und wird wieder dünn und lang.

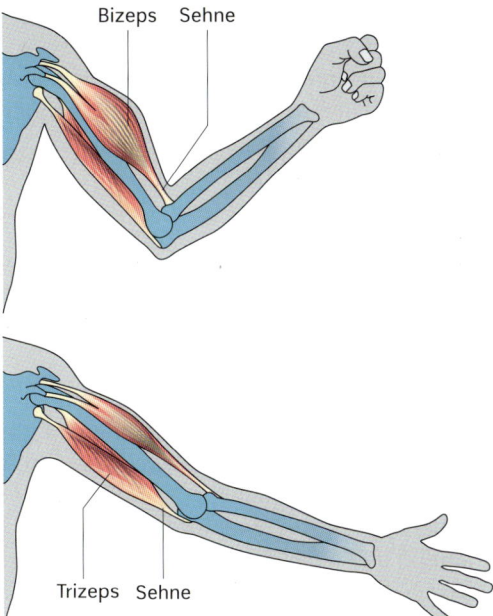

2 Muskeln des Oberarms: **A** Bizeps beim Armbeugen, **B** Trizeps beim Armstrecken

Bewegung hält fit

Regelmäßige sportliche Bewegung kräftigt die Muskeln. Sie nehmen an Umfang zu und werden leistungsfähiger. Wenig benutzte Muskeln werden mit der Zeit schwächer. Nach einer ungewohnten Belastung können Muskelschmerzen auftreten. Dieser **„Muskelkater"** entsteht durch winzige Risse im Inneren der Muskelfasern. Die Beschwerden verschwinden nach wenigen Tagen wieder. Bei einem **Muskelfaserriss** sind meist mehrere Muskelfasern betroffen. Solche Sportverletzungen kannst du durch **Aufwärmtraining** und **Dehnübungen** vermeiden. Die Muskulatur wird dann besser durchblutet und mit Sauerstoff versorgt. Die Muskeln werden elastisch und besser dehnbar.

> Muskeln sind aus Bündeln von Muskelfasern aufgebaut. Muskeln sind über Sehnen mit Knochen verbunden. Blutgefäße versorgen die Muskeln mit Nährstoffen. Über Nerven werden sie gesteuert. Bewegungen entstehen durch das Zusammenziehen von Muskeln. Dabei arbeiten Beuge- und Streckmuskeln als Gegenspieler.

Basiskonzepte S. 49

Das Kreislaufsystem im Überblick

1. **V**
Baue dir ein einfaches Stethoskop (Hörrohr), um die Herztöne deiner Mitschüler hören zu können. Verwende dazu zwei Trichter und einen Schlauch. Beschreibe, was du hörst.

2. **V**
a) Der Puls kann an verschiedenen Stellen des Körpers gemessen werden. Eine gut geeignete Methode zeigt das Foto unten. Untersuche, wo du deinen Puls am besten ertasten kannst.
b) Überprüfe nun in einer Partnerarbeit den Puls vor, während und nach einer Belastung. Der gesamte Versuch dauert sieben Minuten. Zu Beginn und zu jeder vollen Minute misst der Protokollführer den Puls der Versuchsperson. Nach der ersten Minute macht die Versuchsperson 60 Sekunden lang „Hampelmänner".
• Haltet die Ergebnisse in einer Tabelle fest.
• Erstellt ein Verlaufsdiagramm (s. Methode „Mit Tabellen und Diagrammen arbeiten" (S. 108))

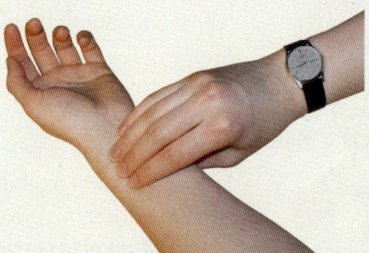

3. **V**
Findet heraus, wie der Puls und der Herzschlag zusammenhängen. Benutzt dazu euer Hörrohr. Arbeitet ähnlich wie auf dem Bild zusammen: Schüler 1 hört die Herztöne von Schüler 2 ab und klopft im Takt des Pulses auf den Tisch. Schüler 3 fühlt den Puls von Schüler 2 und klopft im Takt des Pulses auf den Tisch.
a) Beschreibt eure Beobachtung.
b) Formuliert einen Merksatz.

4. **A**
Übertrage die Tabelle in dein Heft und ergänze zu den Strukturen die jeweilige Funktion.

Struktur	Funktion
Herz	
Herzscheidewand	
Arterien	
Venen	
Kapillaren	

5. **A**
Beschreibe anhand der Abb. 1 B den Weg des Blutes durch den Körper.

6. **Q**
Zeige die folgenden Strukturen am Torso-Modell aus der Biologiesammlung:

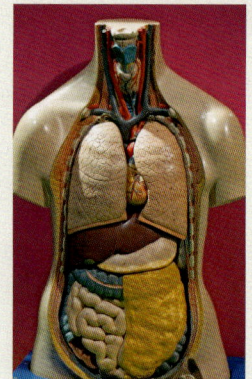

• Herz
• Lunge
• Arterie
• Vene

7. **A**
Beschreibe, wie Herz, Lunge, Arterien, Venen und Kapillaren zusammenarbeiten müssen, um die Organe und Zellen des Körpers mit Sauerstoff und Nährstoffen zu versorgen.

Blutgefäße transportieren Stoffe durch unseren Körper

Unser Körper braucht ständig Sauerstoff und Nährstoffe. Das Blut transportiert diese Stoffe zu allen Körperzellen. Gleichzeitig werden Kohlenstoffdioxid und weitere Abfallprodukte von den Zellen abtransportiert. Das Blut fließt in „Röhren", die Blutgefäße oder Adern heißen. Alle Blutgefäße, die das Blut vom Herzen wegführen, nennt man **Arterien.** Alle, die zum Herzen hinführen, heißen **Venen.**

Das Blut fließt in einem Kreislauf

Mit jedem Herzschlag wird Blut in den Körper gepumpt. Es fließt durch Blutgefäße, die sich immer weiter verzweigen. Die feinsten Blutgefäße nennt man **Kapillaren.** Hier werden Sauerstoff und Nährstoffe an die Organe abgegeben und Kohlenstoffdioxid sowie Abfallstoffe aufgenommen. Anschließend fließt das Blut wieder zurück zum Herzen .

Mit dem Herzschlag wird aber auch gleichzeitig Blut zur Lunge gepumpt. Auch in der Lunge gibt es Kapillaren. Hier wird das Kohlenstoffdioxid aus dem Blut an die Ausatemluft abgegeben und neuer Sauerstoff aus der Einatemluft aufgenommen. Das mit Sauerstoff angereicherte Blut fließt zum Herzen zurück und wird dann wieder in den Körper gepumpt.

Den Weg des Blutes vom Herzen durch Körper und Lunge zurück zum Herz nennt man **Blutkreislauf.** Er wird eingeteilt in den **Körperkreislauf** und den **Lungenkreislauf.**

Das Herz- eine starke Pumpe

Das Herz ist ein kräftiger, hohler Muskel, der im Brustraum liegt. Wenn es sich zusammenzieht, pumpt es Blut in die Arterien. Beim anschließenden Erweitern saugt es Blut aus den Venen an. Die Druckwelle, die beim Zusammenziehen des Herzens entsteht, ist als Pulsschlag spürbar.
In seinem Inneren ist das Herz durch eine Herzscheidewand in zwei Hälften getrennt. So wird dafür gesorgt, dass gleichzeitig Blut zur Lunge und in den Körper gepumpt werden kann.

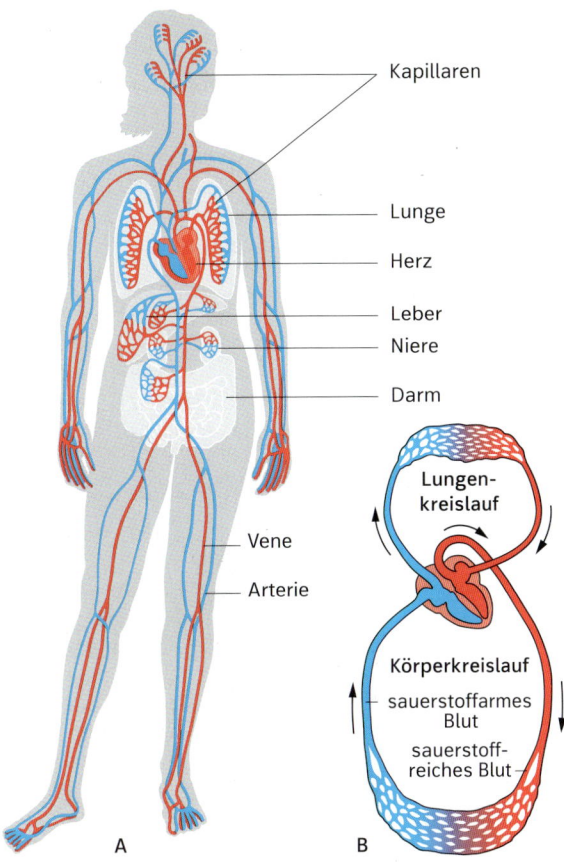

Kapillaren

Lunge

Herz

Leber

Niere

Darm

Lungen-kreislauf

Körperkreislauf
sauerstoffarmes Blut
sauerstoff-reiches Blut

Vene

Arterie

A

B

1 Der Blutkreislauf im Körper; **A** Übersicht, **B** Schema

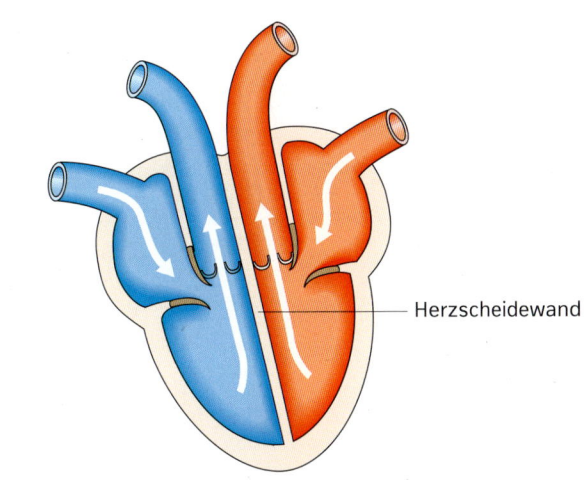

Herzscheidewand

2 Das menschliche Herz (Schema)

Alle Bereiche unseres Körpers sind von Blutgefäßen durchzogen. Das Herz pumpt das Blut im Körperkreislauf und im Lungenkreislauf durch den Körper. Das Herz besteht aus zwei Hälften, die durch die Herzscheidewand getrennt sind.

Das Atmungssystem im Überblick

1. ☰ Ⓐ
Beschreibe den Weg der Atemluft von der Nase bis in die Lungenbläschen.

2. ☰ Ⓐ
Übertrage die Tabelle in dein Heft und ergänze zu den Strukturen die jeweilige Funktion.

Struktur	Funktion
Lunge	
Lungenbläschen	
Luftröhre	

3. ☰ Ⓐ
Zeige deinem Banknachbarn am Torso-Modell die folgenden Strukturen:
Luftröhre, Speiseröhre, linker Lungenflügel, rechter Lungenflügel, Bronchien

4. ☰ Ⓥ
Stelle die Zahl deiner Atemzüge pro Minute fest. Zähle nur beim Einatmen. Notiere dir die Anzahl der Atemzüge zuerst bei ruhigem Sitzen und dann nach 20 „Hampelmännern". Erkläre dein Versuchsergebnis.

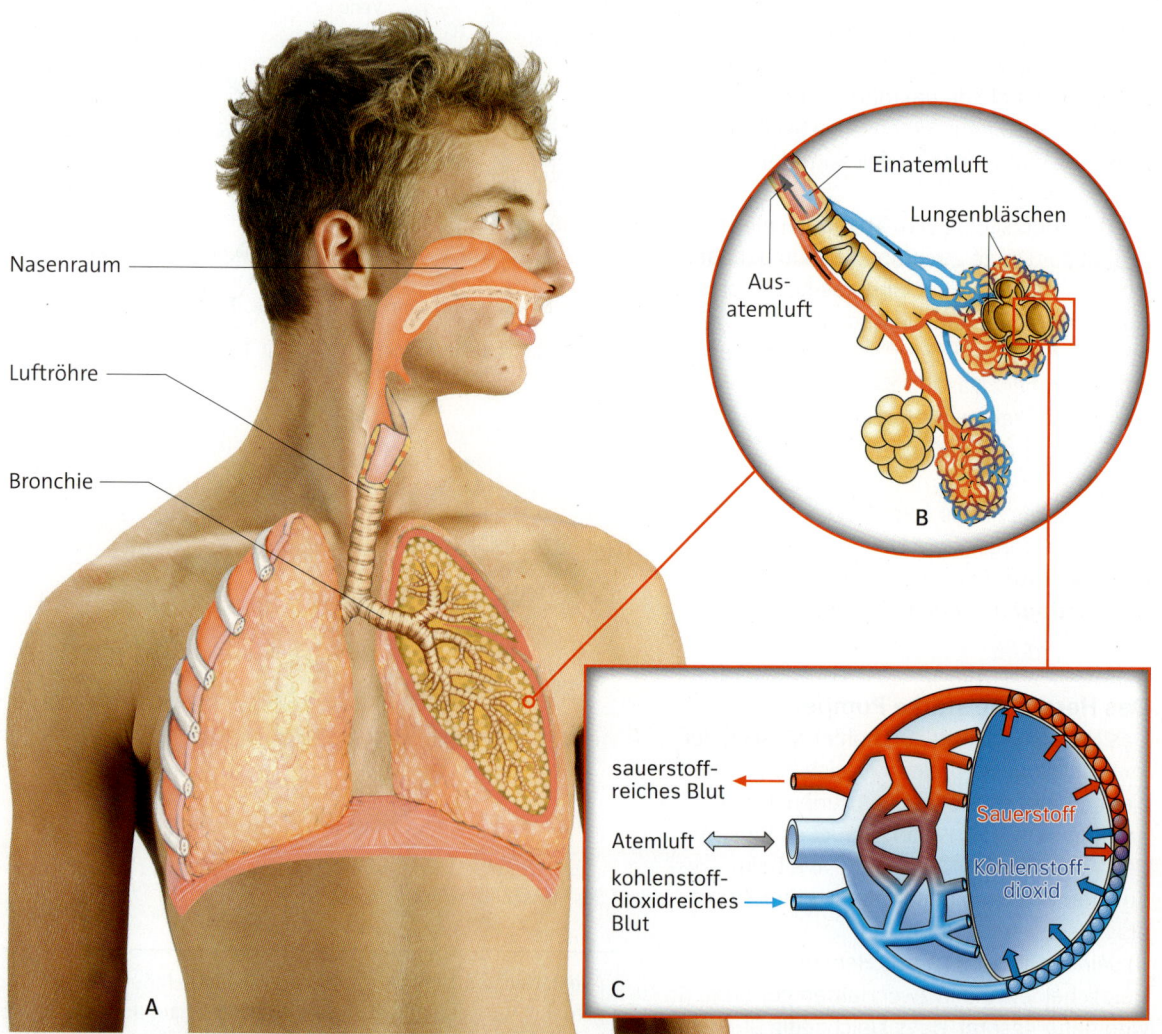

1 Atmung. **A** Atmungsorgane,
B Bronchie mit Lungenbläschen (Gasaustausch in Lungenbläschen)

5. ≡ Ⓥ

a) Beobachte deine Atembewegungen im Liegen. Lege dabei deine Hände locker auf den Brustkorb und auf den Bauch. Atme tief ein und aus. Beschreibe deine Beobachtungen.
b) Lege ein Maßband um deinen Brustkorb. Atme tief ein und miss dann den Brustumfang. Miss erneut nach dem Ausatmen. Erkläre die Ergebnisse mithilfe der Abb. 2.

Der Weg der Atemluft

Beim Einatmen strömt die Luft durch Mund und **Nase** über die **Luftröhre** in die **Lunge.** Kurz vor der Lunge teilt sich die Luftröhre in zwei **Bronchien.** Diese verzweigen sich in der Lunge bis in feinste Röhrchen. An deren Ende findet man Trauben von kugelförmigen **Lungenbläschen.** Diese sind von einem Netz haarfeiner Kapillaren überzogen.

Der Gasaustausch in den Lungenbläschen

Alle Lungenbläschen zusammen haben eine Oberfläche so groß wie ein Tennisplatz. So eine riesige Fläche wird gebraucht, um den Körper mit dem lebensnotwendigen Sauerstoff zu versorgen und den Abfallstoff Kohlenstoffdioxid loszuwerden. Dieser **Gasaustausch** findet in den Lungenbläschen statt. Durch die dünnen Wände der Lungenbläschen gelangt der Sauerstoff in das Blut. Auf dem umgekehrten Weg kommt das Kohlenstoffdioxid aus dem Blut in die Lungenbläschen und wird schließlich ausgeatmet.

Einatmen und Ausatmen

Die Luft bewegt sich nicht von selbst durch unseren Körper. Sie wird abwechselnd eingesogen und ausgestoßen. Dazu muss der Brustraum vergrößert und verkleinert werden. Daran ist vor allem das Zwerchfell beteiligt, eine dünne Muskelhaut, die quer durch den Bauchraum gespannt ist. Zum Einatmen zieht sich das **Zwerchfell** nach unten. Der Brustraum vergrößert sich und mit ihm erweitern sich die Lungenflügel. Nun wird Luft in die Lunge gesogen. Wölbt sich das Zwerchfell anschließend wieder nach oben, wird die Lunge zusammengedrückt und presst die Atemluft nach außen. Durch die Bewegung des

Zwerchfells wird auch die Bauchdecke leicht nach außen gedrückt. Man spricht deshalb von der **Bauchatmung.** Bei tieferen Atembewegungen wird die Bauchatmung von der **Brustatmung** unterstützt. Dabei bewegen sich die Rippen mithilfe der Zwischenrippenmuskulatur schräg nach oben. Brustraum und Lunge erweitern sich und die Luft wird eingesogen. Senken sich die Rippen wieder ab, wird die Luft wieder herausgepresst.

> Bei der Bauch- und Brutatmung strömt die Luft durch Nase und Luftröhre in die Lunge. Beim Gasaustausch wird Sauerstoff aufgenommen und Kohlenstoffdioxid abgegeben.

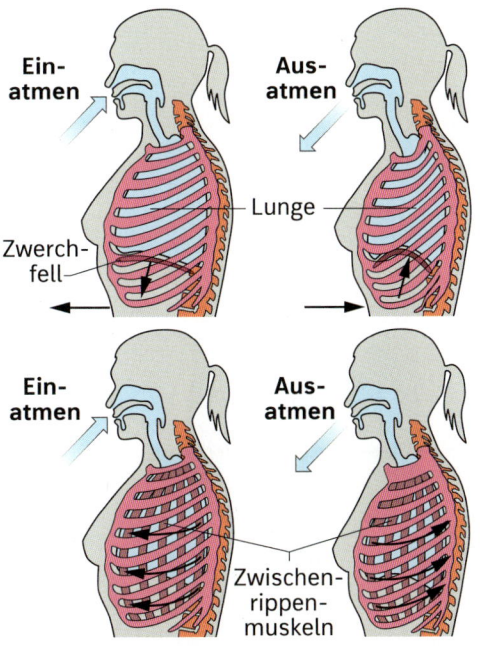

2 Bauchatmung (A) und Brustatmung (B)

Das Verdauungssystem im Überblick

1. ≡ **Q**
a) Nenne die Aufgaben aller im Text fettgedruckten Organe (außer Nieren). Fertige dazu eine Tabelle der einzelnen „Verdauungsstationen" an.
b) Recherchiere, z. B. im Internet, die Aufgaben von Leber, Gallenblase und Bauchspeicheldrüse und ergänze die Tabelle.

2. ≡ **Q**
Verdauungsorgane machen sich oft erst dann bemerkbar, wenn sie nicht mehr richtig „funktionieren". Recherchiere die Ursachen von Durchfall, Verstopfung und Erbrechen.

Essen ist lebensnotwendig

Jeder Bissen, den du z. B. von einem Käsebrot abbeißt, versorgt deinen Körper mit lebenswichtigen Nährstoffen. Das Brot enthält viele **Kohlenhydrate,** die der Körper zur Energiegewinnung braucht. Kohlenhydratreich sind z. B. außer Brot Nudeln, Kartoffeln und alle Süßspeisen. Der Käse liefert vor allem **Eiweiße,** die überwiegend für den Aufbau körpereigener Stoffe benötigt werde. Auch Fleisch, Fisch und Hülsenfrüchte enthalten viel Eiweiß. Die Butter oder Margarine besteht vor allem aus **Fetten.** Fette sind wie die Kohlenhydrate Energielieferanten, sind aber doppelt so energiereich. Fette sind u. a. in Wurst, Nüssen und Schokolade enthalten. Damit der Körper die Nährstoffe verwerten kann, müssen sie in kleinste Teilchen zerlegt werden.

Die Verdauung beginnt im Mund

Das abgebissene Stück wird zunächst zerkaut und mit Speichel vermischt, damit es besser rutscht. Verdauungsstoffe im Speichel beginnen schon im Mund mit der Zerlegung der Kohlenhydrate. Der Speisebrei gelangt dann durch die Speiseröhre in den Magen.

Nützliche Magensäure

Im **Magen** wird der Brei durch Muskelbewegungen durchgeknetet. Dabei wird er auch mit Magensäure und weiteren Verdauungsstoffen vermischt. Hier beginnt die Verdauung der Eiweiße. Die **Magensäure** tötet auch Bakterien ab.

Endgültige Zerlegung im Dünndarm

Im **Dünndarm** zerlegen weitere Verdauungssäfte die Nährstoffe weiter bis in ihre kleinsten Bestandteile. Durch die Schleimhaut des Dünndarms gelangen diese ins Blut und werden an ihre Bestimmungsorte transportiert.

Die Reste im Dickdarm

Die unverdaulichen Reste werden im **Dickdarm** gesammelt und das darin enthaltene Wasser wird zurückgewonnen. Anschließend werden sie als Kot ausgeschieden. .

Die Nieren holen Abfallstoffe aus dem Blut

Abfallstoffe findet man auch im Blut. Die **Nieren** filtern sie heraus. Als Urin werden sie in die Harnblase transportiert und schließlich ausgeschieden.

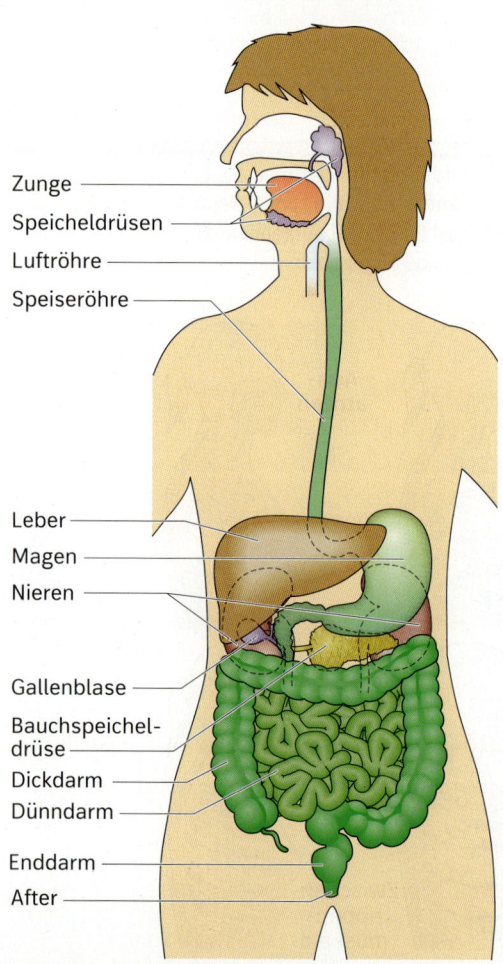

Zunge
Speicheldrüsen
Luftröhre
Speiseröhre

Leber
Magen
Nieren

Gallenblase
Bauchspeicheldrüse
Dickdarm
Dünndarm

Enddarm
After

1 Verdauungsorgane des Menschen

> Im Mund, Magen und Dünndarm werden Kohlenhydrate, Fette und Eiweiße zerlegt und ins Blut transportiert. Unverdauliche Reste werden ausgeschieden. Die Nieren filtern Abfallstoffe aus dem Blut.

Das Nervensystem im Überblick

1. ☰ Ⓐ
Schreibe die folgenden Begriffe auf je ein Kärtchen, bringe sie in die richtige Reihenfolge und verbinde sie durch Pfeile:
Gehirn, Rückenmark, Nerven (2x), Sinnesorgan, Muskel

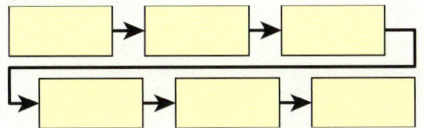

2. ☰ Ⓐ
Liste Sinnesorgane des Körpers auf und ordne ihnen die jeweilige Funktion zu.

3. ☰ Ⓠ
a) Bei einem Unfall kann die Nervenleitung im Rückenmark unterbrochen werden. Beschreibe mögliche Folgen.
b) Erkläre, warum die Folgen so unterschiedlich sein können.

Sinnesorgane-Verbindung zur Umwelt

Wer einmal versucht hat, sich in einem völlig dunklen Raum zurechtzufinden, weiß wie schwer es ist, sich ohne das Sinnesorgan Auge zu orientieren. Ohne die **Sinnesorgane** Auge, Ohr, Nase Zunge und Haut sind wir von der Umwelt abgeschnitten. Sie nehmen Reize auf, die dann in elektrische Impulse umgewandelt und über **Nerven** an das **Gehirn** geschickt werden. Dabei kann jedes Sinnesorgan nur ganz bestimmte Reize aufnehmen. Die Augen nehmen Lichtreize auf, die Ohren Schallwellen und Nase und Zunge Geruchs- und Geschmacksreize. Die Haut ist tastempfindlich und spürt Schmerz, Wärme und Kälte.

Vom Reiz zur Reaktion

Beim einem Schuss aufs Tor in einem Fußballspiel nehmen die Augen des Torwarts Informationen über Form und Bewegung des Balles auf. Sinneszellen verarbeiten diese Informationen zu elektrischen Impulsen, die dann über den Sehnerv zum Gehirn geleitet werden. Dieses verarbeitet die Informationen zu einem Bild und plant die notwendige Reaktion. Muss der Torwart z. B. springen, um den Ball zu fangen, wird ein Befehl über das **Rückenmark** und weitere Nerven an die Beinmuskulatur gesandt. Der Mensch ist von einem feinmaschigen Netz aus Nerven durchzogen, sodass das Gehirn alle Bereiche des Körpers kontrollieren kann.

> Sinnesorgane nehmen Reize aus der Umwelt auf, die vom Gehirn verarbeitet werden. Das Gehirn steuert über ein Nervennetz alle Bereiche des Körpers.

1 Sinnesorgane des Menschen

2 Nervensystem, Sinnesorgane und Muskeln arbeiten zusammen

Das Fortpflanzungssystem im Überblick

1. ☰ Ⓐ
Vergleiche den Aufbau der Geschlechtsorgane von Mann und Frau. Liste auf,
welche Gemeinsamkeiten und Unterschiede
beide aufweisen.

2. ☰ Ⓠ
Etwa jeder vierte Junge auf der Welt wird beschnitten,
d. h., die Vorhaut der Eichel wird entfernt. Nenne
mögliche Gründe für diese Vorgehen.

Bau der männlichen Fortpflanzungsorgane

Betrachtet man die Geschlechtsorgane des
Mannes, fällt einem sofort der **Penis** auf.
Außerdem ist von außen der **Hodensack** gut
sichtbar. Für den Geschlechtsverkehr muss
der Penis sich versteifen, weshalb Blut in die
Schwellkörper fließt. Der Penis wird daraufhin
größer und die schützende **Vorhaut** rutscht
zurück, wodurch die sehr empfindliche **Eichel**
freigelegt wird. Im Hodensack befinden sich
die beiden **Hoden,** welche laufend **Spermien**
produzieren. Diese reifen in den Nebenhoden
und werden dort auch gespeichert. Über den
Spermienleiter gelangen die Spermien zu
verschiedenen Hilfsdrüsen, wo Sperma-Flüs-
sigkeit produziert wird. Das Sperma gelangt
über den Harn-Spermien-Leiter durch den
Penis bis zur Eichel, wo es ausgestoßen wird.

1 Hodensack
2 Hoden
3 Nebenhoden
4 Spermienleiter
5 Hilfsdrüsen
6 Harnblase
7 Glied (Penis)
8 Schwellkörper
9 Harnröhre (Harn-Spermien-Leiter)
10 Eichel
11 Vorhaut
12 After

1 Geschlechtsorgane des Mannes (Seitenansicht)

Bau der weiblichen Fortpflanzungsorgane

Bei der Frau sind äußerlich nur die **Schamlip-
pen** zu erkennen. Im Körper der Frau liegen
die **Eierstöcke,** in denen alle vier Wochen eine
Eizelle heranreift. Nach dem Eisprung wird die
Eizelle durch den **Eileiter** zur **Gebärmutter**
transportiert. Wird die Eizelle im Eileiter vom
Spermium befruchtet, nistet sie sich in der
Gebärmutter ein: Ein Kind entwickelt sich.
Kommt es zu keiner Befruchtung wird die
Eizelle mit der Regelblutung ausgestoßen. Die
Vagina (Scheide) dient dazu, den Penis des
Mannes beim Geschlechtsverkehr aufzuneh-
men. Außen ist die Scheide von den kleinen
und großen Schamlippen bedeckt. Diese
umschließen auch die berührungsempfindli-
che **Klitoris (Kitzler).**

1 große Schamlippen
2 kleine Schamlippen
3 Kitzler
4 Scheide
5 Gebärmutter-schleimhaut
6 Gebärmutter
7 Eileiter
8 Eizelle
9 Eierstock
10 Harnblase
11 Harnröhre
12 After

2 Geschlechtsorgane der Frau (Seitenansicht)

Bei beiden Geschlechtern werden von außen
sichtbare Bestandteile des Fortpflanzungssystems als äußere Geschlechtsorgane bezeichnet, innen liegende Bestandteile als innere
Geschlechtsorgane.

> Penis und Hodensack sind äußerlich sichtbare Geschlechtsor-
> gane des Mannes. Bei der Frau sind nur die Schamlippen
> sichtbar. Die übrigen Geschlechtsorgane wie Scheide,
> Gebärmutter und Eierstöcke liegen im Inneren des Körpers.

Einen kurzen Vortrag halten

Einen Vortrag vorbereiten

Wenn du – allein oder im Team – einen Vortrag halten möchtest, musst du dich gut vorbereiten. Falls ihr als Team arbeitet, müsst ihr euch absprechen, wer welche Aufgabe übernimmt.

1 Kläre – wenn möglich – vorher ab, was von deinem Vortrag erwartet wird. So kannst du eine Verfehlung des Themas vermeiden, den zeitlichen Rahmen einhalten und die gewünschte Präsentationsart wählen.

2 Überlege dir, welche Inhalte deine Zuhörer interessant und wichtig finden könnten.

3 Arbeite eine **Gliederung** mit diesen Themen aus, sodass sich eine sinnvolle Reihenfolge ergibt.

4 Sammle **Informationen und Materialien** zum Thema deines Vortrags.

5 An diesem Punkt kannst du deine Gliederung nochmal überdenken. Eventuell hast du interessante Zusatzmaterialien gefunden, die du einbauen möchtest.

6 Überlege, an welchen Stellen du etwas zeigen möchtest und welche Materialien und Geräte du dafür brauchst. Möchtest du Versuche zeigen, musst du mehr Zeit dafür einplanen.

7 Bereite die Materialien zur Präsentation vor, zum Beispiel Plakate, Fotos, Versuche oder Anschauungsmaterialien.

8 Notiere dir auf **Karteikarten** kurze Stichpunkte, anhand derer du den Vortrag halten kannst.

9 Überlege dir Fragen, die auf dich zukommen könnten, z. B. ob jemand Hintergrundinformationen haben möchte.

10 **Übe** deinen Vortrag – allein oder im Team.

1 beim Vortrag

Den Vortrag halten

Damit dein Vortrag erfolgreich verläuft, solltest du einfache Regeln beachten:

- Nenne das Thema deines Vortrags und gib dann einen kurzen Überblick über das, was deine Zuhörer erwartet.
- Sprich langsam und deutlich.
- Schaue während des Vortrags zu deinen Zuhörern. Lies den Vortrag nicht ab.
- Achte auf deine Körperhaltung und Gesten.
- Wenn ihr im Team vortragt, wechselt euch beim Präsentieren ab.
- Baue vorbereitete Materialien in den Vortrag ein und erkläre sie jeweils.
- Fremdwörter musst du an Ort und Stelle erklären.
- Gib deinen Zuhörern Gelegenheit, Fragen während des Vortrags zu stellen.

2 Vorbereitung des Vortrags

METHODE

Der Körper des Menschen ➤

Das Nervensystem
Die von den Sinnesorganen aufgenommen Reize werden über Nervenbahnen in das Gehirn geleitet. Für eine entsprechende Reaktion gibt das Gehirn einen Befehl über die Nervenbahnen an die Muskulatur. Zur Steuerung des Körpers arbeiten die verschiedenen Bereiche des Gehirns zusammen.

Das Atmungssystem
Beim Einatmen strömt die Luft durch die beiden Nasenlöcher, den Rachen, die Luftröhre und die Bronchien in die Lungenbläschen der Lunge. In den Lungenbläschen findet der lebensnotwendige Gasaustausch statt. Dabei nimmt der Körper Sauerstoff auf. Das entstehende Kohlenstoffdioxid wird dann zur Lunge transportiert und mit der Ausatemluft abgegeben.

Das Verdauungssystem
Unsere Verdauung beginnt bereits im Mund, in dem die Zähne die Nahrung zerkleinern. Der eingespeichelte Nahrungsbrei gelangt anschließend über die Speiseröhre in den Magen. Von dort aus wird der Speisebrei in den Dünndarm transportiert, in dem er mithilfe von Verdauungsenzymen weiter zerlegt wird. Außerdem gelangen hier die Nährstoffbausteine in das Blut. Unverdauliche Reste kommen in den Dickdarm und werden schließlich über den After ausgeschieden.

Die Muskeln
Für unsere Bewegung sorgen etwa 600 Muskeln, die aus einzelnen Muskelfasern aufgebaut und über Sehnen mit den Knochen verbunden sind. Dabei arbeiten sie zumeist im Gegenspielerprinzip. Das bedeutet zum Beispiel für den Oberarm, dass ein Muskel für das Beugen und einer für das Strecken des Armes verantwortlich ist.

Das Ausscheidungssystem
Unsere wichtigsten Ausscheidungsorgane sind die Nieren. In ihren Nierenkörperchen wird das Blut gefiltert und gereinigt. Dabei bildet sich der Harn.

Das Skelett
Unser Skelett lässt sich in verschiedene Abschnitte einteilen: Arm- und Beinskelett, die durch Schulter- und Beckengürtel und Wirbelsäule verbunden sind, Kopfskelett und Brustkorb. Die Aufgabe des Skeletts ist der Schutz unserer Organe. Zudem ist die Wirbelsäule mit ihrer Doppel-S-Form die Hauptstütze unseres Körpers. Unsere Knochen werden durch Gelenke beweglich miteinander verbunden. Je nach Bauart werden Kugelgelenk, Scharniergelenk, Drehgelenk und Sattelgelenk unterschieden.

Das Fortpflanzungssystem
Sowohl beim Mann als auch bei der Frau können die Fortpflanzungsorgane in äußere Geschlechtsorgane und innere Geschlechtsorgane unterteilt werden. Beim Geschlechtsverkehr gelangen die Spermien des Mannes in die Frau, wo sie im Eileiter die Eizelle befruchten. Nun wächst ein Kind in der Gebärmutter heran.

Das Kreislaufsystem
Unser Blut fließt in Adern, die den ganzen Körper durchziehen. Unser Herz als Saug-Druck-Pumpe treibt das Blut durch den Körperkreislauf und den Lungenkreislauf.

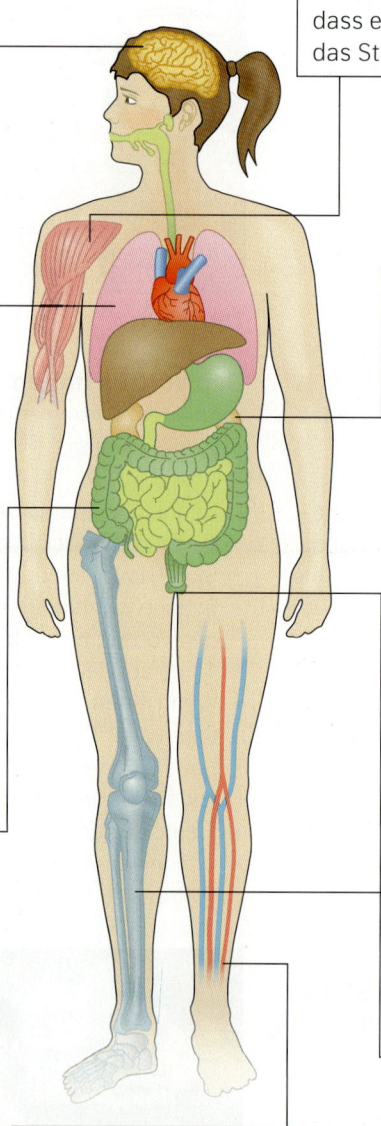

System

Entwick-lung

Struktur und Funktion

System
→ Steuerung und Regelung
1. ☰ Ⓐ
a) Beschreibe, wie sich dein Herzschlag bei körperlicher Anstrengung verändert.
b) Beschreibe, wie sich deine Atmung bei körperlicher Anstrengung verändert.
c) Erkläre, wie Herzschlag und Atmung zusammenhängen.
➡ S. 40 – 43

System
→ Organisationsebenen
3. ☰ Ⓐ
Der Körper ist ein System, das in sich geschlossen ist. Alle Teilbereiche wie Atmung, Herzschlag, Muskelarbeit, Aufbau des Skeletts und Ernährung wirken sich aufeinander aus.
Erkläre diese gegenseitige Beeinflussung bei einer der Disziplinen der Bundesjugendspiele, zum Beispiel beim Laufen. ➡ S. 31, 37, 39, 40 – 43

Struktur und Funktion
→ Variabilität und Angepassheit
2. ☰ Ⓐ
a) Beschreibe den allgemeinen Bau eines Gelenks.
b) Nenne die vier Gelenktypen und beschreibe ihren Aufbau und ihre daraus abzuleitende Funktionsweise. ➡ S. 37

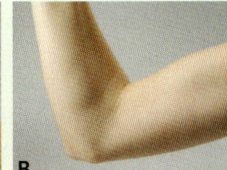
A B
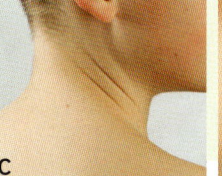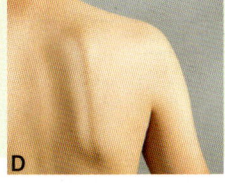
C D

Struktur und Funktion
→ Variabilität und Angepassheit
4. ☰ Ⓐ
a) Beschreibe, wie ein Muskel aufgebaut ist.
b) Beschreibe, wie sich ein Muskel verändert, wenn du ihn anspannst. ➡ S. 39

Struktur und Funktion
→ Variabilität und Angepassheit
5. ☰ Ⓐ
a) Vergleiche die Wirbelsäule des Menschen mit der des Schimpansen.
b) Erkläre, warum der Schimpanse im Gegensatz zum Menschen nicht lange aufrecht gehen kann. ➡ S. 32

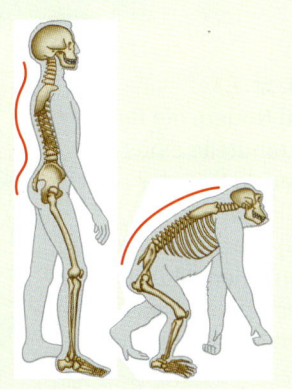

Körper des Menschen ◉

Skelett und Muskulatur

Kannst du schon ...
... den Aufbau des Skeletts beschreiben? (S. 31)
... die Funktionen des Skeletts nennen? (S. 31)
... erklären, warum Knochen so stabil sind? (S. 31)
... den Aufbau der Wirbelsäule beschreiben? (S. 32)
... erklären, wie der Bau der Wirbelsäule und ihre
   Funktion zusammenhängen? (S. 32 – 33)
... vier verschiedene Gelenktypen nennen und sie
   Gelenke deines Körpers zuordnen? (S. 35)
... den Aufbau eines Muskels beschreiben? (S. 37)
... erklären, wie sich regelmäßiger Sport auf deine
   Muskulatur auswirkt? (S. 36 – 37)
... das Gegenspielerprinzip erklären? (S. 37)

Zeig, was du kannst!

1. ☰ Ⓐ
Vergleiche in einer Tabelle den Aufbau des
Arm- und Beinskeletts.

2. ☰ Ⓐ
Vergleiche den Aufbau eines Röhrenknochens
und den Aufbau des Eiffelturms miteinander.

3. ☰ Ⓐ
Benenne die nummerierten Teile des Gelenks
und beschreibe jeweils ihre Funktion.

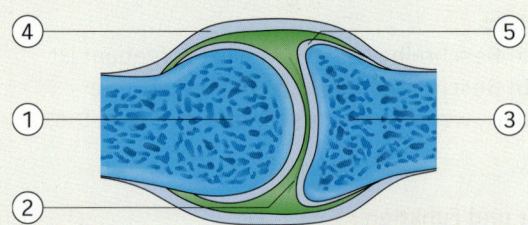

4. ☰ Ⓐ
a) Notiere die Be-
standteile eines
Muskels in der
Skizze.
b) Beschreibe, wie es
zu einem Muskelkater
kommt und was dabei
im Muskel passiert.

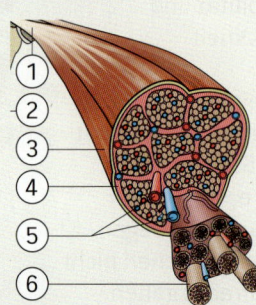

Atmung und Blutkreislauf

Kannst du schon ...
... den Weg der Atemluft beschreiben? (S. 42)
... die Bauchatmung und die Brustatmung vergleichen und beschreiben? (S. 43)
... den Gasaustausch beschreiben? (S. 43)
... erklären, warum wir atmen müssen? (S. 43)
... das Zusammenspiel der verschiedenen Atemorgane beschreiben? (S. 43)
... den Weg des Blutes durch den menschlichen
   Körper beschreiben? (S. 41)
... den Aufbau des Herzens beschreiben?
   (S. 41)
... den Stofftransport im Körper beschreiben?
   (S. 41)

Zeig, was du kannst!

5. ☰ Ⓐ
Benenne die numme-
rierten Teile der
Atmungsorgane.

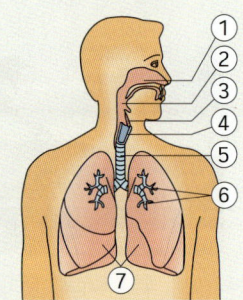

6. ☰ Ⓐ
a) Beschreibe die Bauchatmung.
b) Beschreibe die Rolle der Zwischenrippen
bei der Brustatmung.

7. ☰ Ⓐ
Beschreibe, wie Atmungssystem und Kreis-
laufsystem zusammenarbeiten, um den
Körper mit Sauerstoff zu versorgen.

8. ☰ Ⓐ
Beschreibe stichpunktartig den Weg des
Blutes durch den Körper. Übertrage dazu das
Schema in dein Heft und vervollständige es.
Lunge → _____ → _____ → Herz
→ _____.

Verdauungssystem

Kannst du schon ...

... die Nährstoffe nennen und Beispiele für Lebensmittel aufführen, die den jeweiligen Nährstoff reichlich enthalten? (S. 44)

... den Weg der Nahrung durch den Körper beschreiben? (S. 44)

... die Funktion der beteiligten Organe nennen? (S. 44)

... die an der Beseitigung von Abfallstoffen beteiligten Organe nennen? (S. 44)

Zeig, was du kannst!

9. Erstelle eine Tabelle mit den Nährstoffen und mit Lebensmitteln, in denen sie jeweils reichlich enthalten sind.

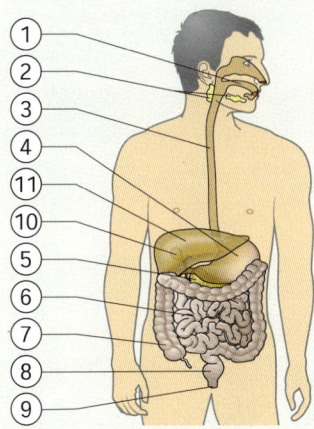

10. Benenne die Verdauungsorgane.

11. Übertrage die Tabelle in dein Heft und vervollständige sie.

Struktur	Funktion
Speichel	
	tötet Bakterien ab
	zerlegt Fette in kleinste Tröpfchen
Darmzotten	
Dickdarm	

12. Erkläre, warum ein Stück Brot nach langem Kauen süß schmeckt.

Nerven- und Fortpflanzungssystem

Kannst du schon ...

... den Weg der Information durch den Körper beschreiben? (S. 45)

... den Bau der männlichen Geschlechtsorgane beschreiben? (S. 46)

... den Bau der weiblichen Geschlechtsorgane beschreiben? (S. 46)

Zeig, was du kannst!

13. Nenne wichtige Sinnesorgane und ihre Funktionen.

14. Ein Torwart hechtet nach einem Ball. Beschreibe den Weg vom Reizes bis zur Reaktion an diesem Beispiel.

15. Benenne die nummerierten Teile des männlichen Fortpflanzungssystems.

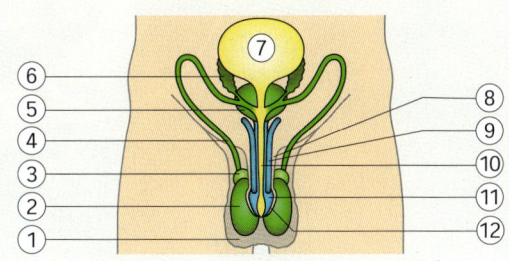

Wichtige Begriffe

- Wirbelsäule, Wirbelkörper, Bandscheiben
- Knochen, Gelenke, Knorpel, Gelenkkapsel
- Muskeln, Sehnen, Beuger, Strecker
- Körperkreislauf, Lungenkreislauf
- Atemorgane, Lunge, Lungenbläschen
- Sinnesorgane, Nerven
- Verdauungsorgane, Fortpflanzungsorgane

Tiere und Pflanzen in der Umgebung des Menschen

Wieso kann ein kleines
Tier eine große
Verantwortung bedeuten?

Ist der Wolf
wirklich „böse"?

Was haben ein Getreidehalm und
ein Fernsehturm gemeinsam?

Kennzeichen der Säugetiere

1. **A**
a) Nenne die Kennzeichen der Säugetiere.
b) Begründe, warum auch Menschen zu den Säugetieren zählen.

2. **Q**
Wale haben kein Fell. Informiere dich, wieso sie trotzdem auch in den kältesten Meeresregionen der Erde leben können. Halte einen kurzen Vortrag.

3. **V**
Zeige, wie ein Fell vor Wärmeverlusten schützt. Plant dazu einen geeigneten Versuch, führt ihn durch und wertet ihn aus. Haltet alles in einem ausführlichen Protokoll fest. Nehmt die Abbildung links zu Hilfe.

Ein Fohlen wird von seiner Mutter nach der Geburt trockengeleckt. Schon bald versucht es seiner Mutter zu folgen. Immer wieder schiebt es seinen Kopf unter den Bauch der Mutter um am Euter Milch zu trinken. Die Milch versorgt es mit allen notwendigen Nährstoffen.

Alle Tiere, die von ihrer Mutter gesäugt werden, bezeichnet man als **Säugetiere.** Die Milch wird von Milchdrüsen im Euter gebildet. Die Jungen werden lebend geboren. Sie werden im Mutterleib gezeugt und wachsen in der Gebärmutter heran.

Ein wärmendes Fell
Säugetiere haben Haare. Bei den meisten Säugetieren bilden sie ein dichtes **Fell,** das den Körper schützt. Viele heimische Säugetiere wechseln zwischen einem Sommerfell und einem besonders warmen Winterfell und sind so an den Wechsel der Jahreszeiten angepasst. Auch die Stacheln des Igels sind nichts anderes als umgebildete Haare.
Es gibt aber auch Ausnahmen: Die im Wasser lebenden Wale haben kein Fell.

Auf vier Gliedmaßen durch die Welt
Die meisten Säugetiere haben vier Beine oder zwei Beine und zwei Arme. Aber auch die Flügel der Fledermäuse und die Flossen der Wale sind Gliedmaßen. Man kann also sagen: Alle Säugetiere haben **vier Gliedmaßen.**

1 Stute mit Fohlen

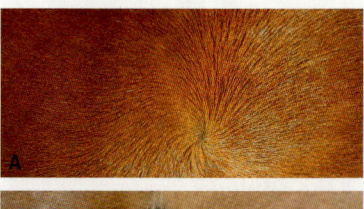

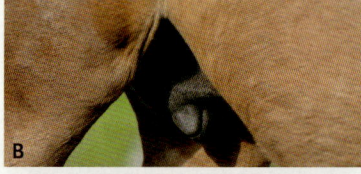

2 Kennzeichen der Säugetiere: **A** Fell, **B** Euter, **C** 4 Gliedmaßen

Die Körpertemperatur wird reguliert

Säugetiere können ihre Körpertemperatur auf einen bestimmten Wert einstellen. Sie sind **gleichwarm.** Bei vielen Säugetieren liegt der Wert zwischen 36 und 40 °C. Der Igel kann seine Körpertemperatur während des Winterschlafs jedoch auf bis zu 5° C. herunterregeln.

Lunge und Blutkreislauf

Alle Säugetiere atmen durch Lungen. Auch eine vollständige Herzscheidewand im Herzen und der in Lungen- und Körperkreislauf unterge- teilte **Blutkreislauf** sind typisch für Säugetiere.

Menschen sind Säugetiere

Man mag es kaum glauben, aber der Mensch hat kaum weniger Körperhaare als ein Schimpanse. Sie sind nur kürzer. Außerdem werden wir von unserer Mutter gesäugt, wir haben zwei Arme und zwei Beine und unsere Körper- temperatur liegt gleichbleibend bei 37°C. Auch Menschen sind also Säugetiere.

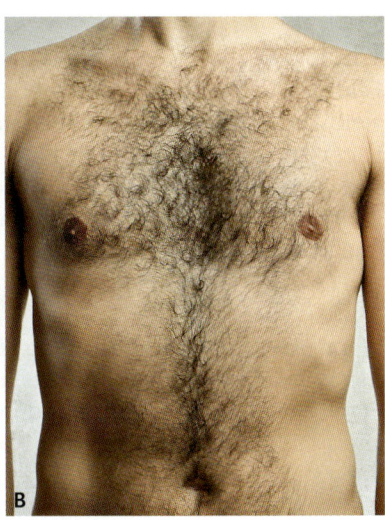

3 Säugetiere: **A** Schimpanse, **B** Mensch

Säugetiere werden lebend geboren und von ihrer Mutter gesäugt. Sie haben ein Fell, vier Gliedmaßen und sind gleichwarm. Auch Menschen zählen zu den Säugetieren.

Ungewöhnliche Säugetiere

Australien ist die Heimat von Säugetieren, die von denen der restlichen Welt deutlich abwei- chen. Ein Beispiel hierfür ist das **Schnabeltier.** Es hat ein Fell, aber einen Schnabel, der an den einer Ente erinnert. Es legt Eier, säugt aber seine Jungen. Es hat aber kein Euter, sondern auf der Bauchseite verteilte Milchdrüsen. Die Milch sickert ins Fell und wird von den Jungen aufgeleckt. Das männliche Schnabeltier hat außerdem als einziges Säugetier einen Giftsporn an den Hinterfüßen.

Ungewöhnlich sind auch die **Beuteltiere,** zu denen die bekannten Kängurus gehören. In ihrer Gebärmutter entwickelt sich das Junge nur bis zu einem wenige Zentimeter langen Embryo. Nach der Geburt kriecht dieser in eine Hauttasche, den Beutel, am Bauch der Mutter. Dort saugt er sich an den Milchdrüsen im Beutel fest und entwickelt sich erst dann zum fertigen Tier.

1 Schnabeltier

2 Rotes Riesenkänguru mit Jungem

Feldhase und Wildkaninchen sind Pflanzenfresser

1. ☰ Ⓐ ◑

Feldhase und Wildkaninchen haben zwar viele Ähnlichkeiten, es gibt aber auch Unterschiede. Erstelle hierzu eine Tabelle unter besonderer Berücksichtigung von Körpermerkmalen, Verhalten und Lebensweise.

2. ☰ Ⓐ ▸

Wenn ein Feldhase mit der Nase gegen den Wind in seiner Sasse ruht, ist er durch seine Sinnesorgane „rundumgesichert". Erkläre dies mithilfe der Abbildung.

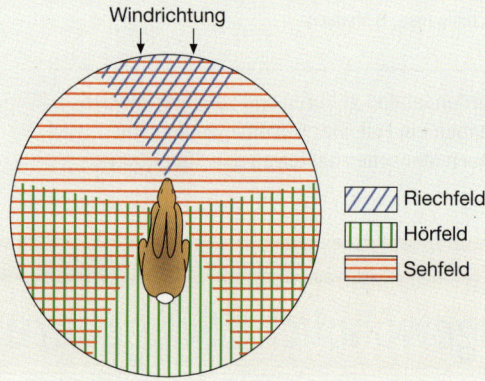

Windrichtung

⟋⟋ Riechfeld
||| Hörfeld
≡ Sehfeld

3. ☰ Ⓠ

Im Jahr 1859 wurden etwa zwei Dutzend Kaninchen nach Australien eingeführt. Dort konnten sie sich ungehindert vermehren und wurden zu einer Plage. Informiere dich darüber und halte einen kurzen Vortrag.

4. ☰ Ⓐ

In der Abbildung ist der Fluchtweg eines Hasen vor einem Hund dargestellt. Erkläre, auf welche Weise der Hase oft erfolgreich vor dem Hund flieht.

Ein Leben auf der Flucht

Der **Feldhase** lebt auf Feldern, Wiesen und in lichten Wäldern. Tagsüber ruht er meist in einer flachen Bodenmulde, der Sasse. Er ist ein Pflanzenfresser und geht nachts auf Nahrungssuche. Empfindliche Sinnesorgane warnen den Hasen frühzeitig vor Gefahren. Nimmt der Hase eine mögliche Gefahr wahr, duckt er sich bewegungslos in seine Sasse. Die graubraune Tarnfärbung seines Fells verleiht ihm zusätzlichen Schutz. Feinde sind neben dem Menschen hauptsächlich Fuchs, Marder und Greifvögel. Wird der Hase aufgespürt, springt er auf und jagt in großen Sprüngen von bis zu 2,5 m davon. Auf kurzen Strecken kann er bis zu 70 km/h schnell laufen. Kommt der Feind zu nahe, schlägt der Hase in seinem Lauf Haken. Da er ein sehr ausdauernder Läufer ist, kann er seinen Verfolgern oft entkommen.

1 Feldhase in der Sasse

Feldhasen sind Einzelgänger

Feldhasen leben als Einzelgänger. Nur zur Paarungszeit kommen Weibchen und Männchen zusammen. Im März bringt die Häsin zum ersten Mal im Jahr 2 bis 4 Junge zur Welt. Die Neugeborenen sind behaart und haben die Augen geöffnet. Sie sind **Nestflüchter.** Sie leben allein und werden von der Mutter etwa zweimal am Tag besucht, um sie zu säugen. Im Alter von etwa drei Wochen verlassen die Jungen ihr Versteck. Feldhasen bekommen bis zu dreimal im Jahr Nachkommen.

Wildkaninchen leben in Bauen

Wildkaninchen sieht man oft tagsüber in Parks, in Gärten und auf anderen Grünflächen. Sie sind **Pflanzenfresser** und ernähren sich überwiegend von Gräsern und Kräutern, aber auch von Baumrinde, Blütenknospen und Gemüsepflanzen. Im Gegensatz zum Feldhasen sind Wildkaninchen wesentlich kleiner. Sie haben ein weißgraues Fell, deutlich kleinere Ohren und kürzere Hinterbeine. Sie leben gesellig in **Kolonien** von bis zu 30 Tieren. In trockenen, sandigen Böden graben sie ein verzweigtes System von Gängen und Kammern. Hier sind sie vor Kälte und Nässe, aber auch vor Feinden geschützt. Bei Gefahr trommeln die Wildkaninchen mit den Hinterbeinen auf den Boden und warnen so ihre Kolonie. Blitzschnell verschwinden dann alle im Bau. Ist der Fluchtweg aber abgeschnitten, versucht das Kaninchen wie der Hase durch Hakenschlagen zu entkommen. Wildkaninchen ermüden dabei aber schnell und fallen so ihrem Verfolger leichter zum Opfer.

Wildkaninchen haben viele Nachkommen

Kaninchen vermehren sich sehr stark. Vom Frühjahr bis zum Herbst bringt ein Weibchen bis zu 5 Würfe mit je 5 bis 10 Jungen zur Welt. Die Jungen werden im Bau nackt, blind und hilflos geboren. Es sind **Nesthocker.** Ungefähr drei Wochen werden sie gesäugt und sind danach erst selbstständig.

Wildkaninchen und Feldhase sind Säugetiere

Kaninchen und Hasen bringen ihre Nachkommen lebend zur Welt und säugen sie anschließend. Sie haben ein Fell. Ihre Körpertemperatur ist immer konstant, sie sind also gleichwarm. Wildkaninchen und Feldhasen sind deshalb **Säugetiere.**

> Feldhasen sind Einzelgänger. Sie sind Nestflüchter und können durch hohe Geschwindigkeit Feinden entkommen. Die deutlich kleineren Wildkaninchen sind Nesthocker. Sie leben in einem Bau und sind weniger ausdauernd.

2 Wildkaninchen in ihrem Lebensraum: **A** Kaninchenbau (Schema), **B** Wildkaninchen

Der Maulwurf – Spezialist unter Tage

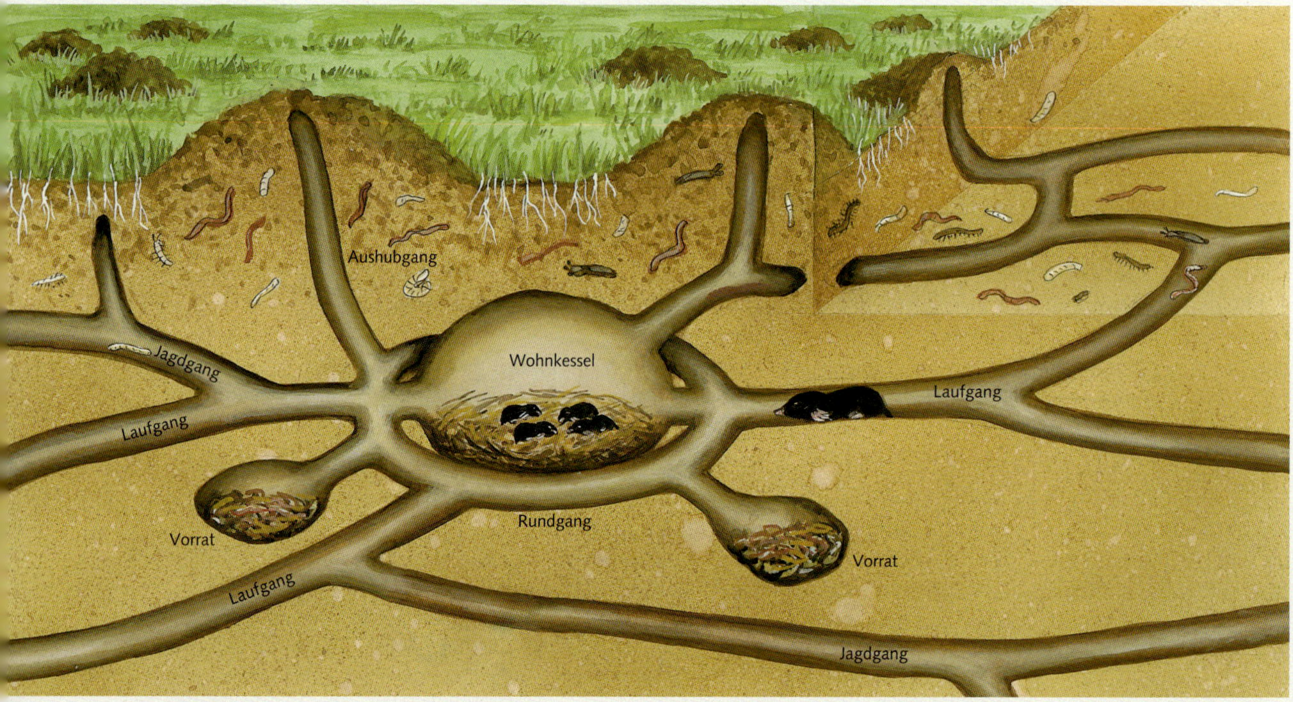

Aushubgang

Jagdgang

Laufgang

Vorrat

Wohnkessel

Laufgang

Rundgang

Vorrat

Laufgang

Jagdgang

1 Maulwurfsbau

1. 🟡 **A**
Abbildung 1 zeigt einen Maulwurfsbau.
a) Nenne die Bereiche, die sich unterscheiden lassen.
b) Beschreibe, wozu der Maulwurf die verschiedenen Bereiche nutzt.

2. 🟡 **A** 🔹
Schreibe auf, wie der Körper des Maulwurfs an die unterirdische Lebensweise angepasst ist. Berücksichtige dabei die Körperform, den Kopf, die Körperöffnungen, die Beine, das Fell und die Sinnesorgane.

3. 🟡 **Q**
Manche Gartenbesitzer sehen den Maulwurf nicht gern in ihrem Garten, andere weisen auf die Nützlichkeit der Tiere hin. Finde Begründungen für die eine und für die andere Meinung.

4. 🟡 **A** 🔹
a) Nenne mithilfe der Abbildung 2 einige Beutetiere des Maulwurfs.
b) Erkläre, warum das Gebiss des Maulwurfs gut zum Fressen dieser Nahrung geeignet ist.

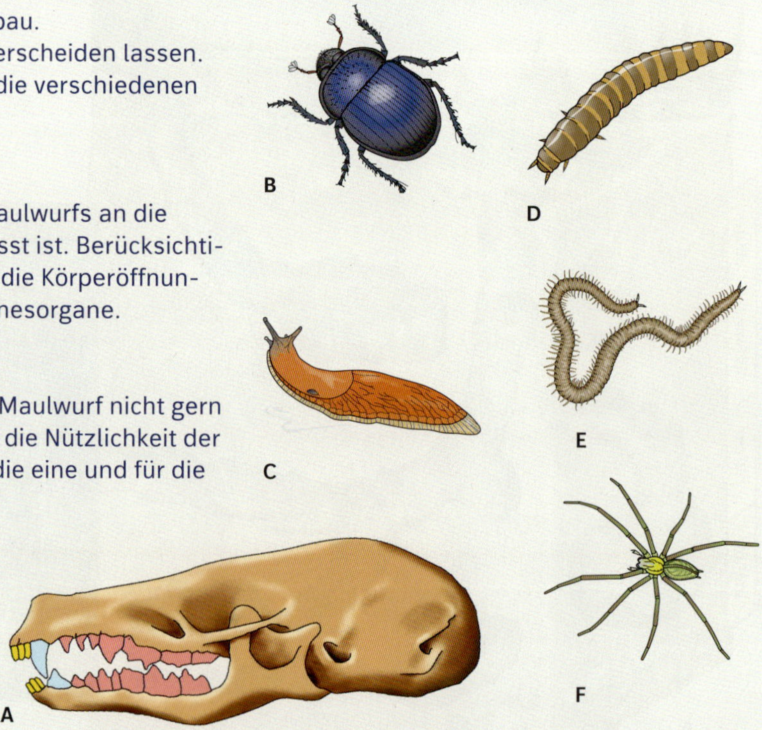

B

D

C

E

A
F

2 Angepasstheit: **A** Insektenfressergebiss, **B – F** Beutetiere

Ein Leben unter Tage

Maulwürfe sieht man nur selten, da sie unter der Erde leben. Aber sicher hast du schon einmal Maulwurfshügel gesehen - sie zeigen, dass eines dieser Tiere unter der Erde seinen **Bau** angelegt hat.

Darin liegt auch der **Wohnkessel.** Er ist mit Gras, Moos und anderen Pflanzenteilen ausgepolstert und wird zum Schlafen benutzt. Auch die Jungen werden hier geboren und aufgezogen. Um den Wohnkessel verläuft ein **Rundgang,** von dem die verschiedenen Laufgänge abzweigen. Die Wände der Gänge sind fest und glatt, sodass sich der Maulwurf schnell in ihnen bewegen kann. Die **Laufgänge** führen in das Jagdrevier des Maulwurfs. Hier gräbt er lockere, dicht unter der Erdoberfläche verlaufende Jagdgänge. Die losgescharrte Erde wird über besondere **Aushubgänge** an die Erdoberfläche geschoben. So entstehen die typischen Maulwurfshügel, über die sich manche Gartenbesitzer sehr ärgern. Andererseits vertilgt ein Maulwurf auch zahlreiche Schädlinge.

Jagd auf Bodentiere

Ein Maulwurf muss an einem Tag etwa so viel fressen, wie er selbst wiegt. Mehrmals am Tag läuft er daher sein Gangsystem ab und sucht nach Beutetieren. Er spürt sie mithilfe seines guten Geruchs- und Tastsinns und seines feinen Gehörs auf. Die Augen sind hingegen klein und im Fell verborgen. Ohrmuscheln fehlen ganz.

Er frisst zum Beispiel Insektenlarven, Käfer, Regenwürmer, Schnecken und manchmal Jungmäuse. Die harten Panzer der Insekten knackt er mit den spitzen Zähnen seines **Insektenfressergebisses.**

Maulwürfe sind das ganze Jahr über aktiv. Im Winter verlegen sie ihr Jagdrevier in tiefere Bodenschichten. Dorthin ziehen sich auch ihre Beutetiere zurück. In Maulwurfsbauten hat man Ansammlungen „angebissener" Regenwürmer gefunden. Dabei handelt es sich um Vorratsspeicher, mit denen der Maulwurf Zeiten überbrückt, in denen die Nahrung knapp ist. Die Regenwürmer werden durch den Biss gelähmt, sind aber nicht tot.

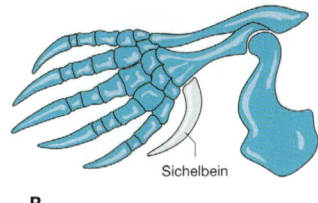

3 Angepasst an das Leben in der Erde: **A** Grabhände, Tasthaare und Schnauze, **B** Skelett der Grabhand, **C** walzenförmiger Körper

Ein unterirdischer Spezialist

Der Maulwurf ist gut an das Leben in der Erde angepasst. Der kurze, walzenförmige Körper geht ohne erkennbaren Hals in den Kopf über. Dieser endet vorne in einer durch Knorpel verstärkten Rüsselspitze. Der Maulwurf ist von einem schwarzen, sehr dichten Fell bedeckt. Es hält warm und schützt vor Nässe. Das Fell hat keine Strichrichtung. So kann sich der Maulwurf in seinen Gängen vorwärts und rückwärts gleichermaßen gut bewegen. Mund- und Nasenöffnung sind nach unten gerichtet. Beim Graben werden Ohren, Mund und Nase durch besondere Hautfalten verschlossen, damit Sand und Erde nicht eindringen können.

Die Handflächen der auffälligen **Grabhände** zeigen nach hinten. Sie sind für die Wühlarbeit bestens geeignet. Die fünf kurzen Finger sind teilweise durch Häute miteinander verbunden. Außerdem hat der Maulwurf noch einen sichelförmigen Knochen. Dieses **Sichelbein** verbreitert die Hand zusätzlich. Alle Finger haben kräftige und scharfe Krallen. Die kurzen Hinterbeine dienen dagegen vorwiegend der Fortbewegung.

> Maulwürfe sind Insektenfresser. Sie sind durch ihre Körperform, ihr Fell und die Grabhände an ein Leben unter der Erde angepasst.

Fledermäuse – Jäger in der Nacht

1. ☰ Ⓐ
Beschreibe den Kopf einer Fledermaus. Gehe dabei vor allem auf besondere Auffälligkeiten ein.

2. ☰ Ⓐ
Beschreibe anhand mehrerer Beispiele, wie Fledermäuse an ihre Lebensweise angepasst sind.

3. ☰ Ⓐ
Erkläre mit selbst erstellten Zeichnungen, wie sich Fledermäuse in der Dunkelheit orientieren und sogar jagen können.

4. ☰ Ⓐ
Fledermäuse sind Säugetiere. Erstelle eine Liste mit Eigenschaften, die sie als solche kennzeichnen.

Mittelfinger-knochen

Fingerknochen

Unterarm-knochen

Daumen

Handwurzel-knochen

Oberarm-knochen

Fuß

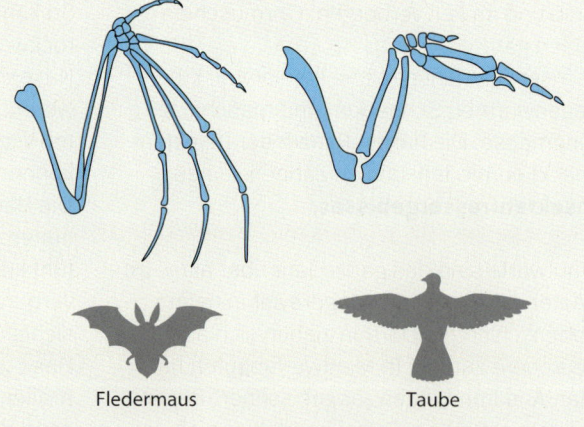

Fledermaus

Taube

5. ☰ Ⓐ 🔍
Vergleiche den Bau eines Fledermausflügels mit dem eines Vogelflügels.

6. Ⓠ
a) Informiere dich, z. B. beim örtlichen Naturschutzbeauftragten, über Fledermäuse in deiner Umgebung und ihre Gefährdung. Versuche herauszufinden, wie den bedrohten Fledermausarten geholfen werden kann. Stelle die Ergebnisse der Klasse vor.
b) Erstellt zusammen einen Plan mit Hilfsmaßnahmen für bedrohte Fledermausarten. Möglich wäre dies z. B. durch Fledermauskästen an der Schule oder im Park.

7. ☰ Ⓐ
Viele heimische Fledermausarten sind bedroht. Begründe dies.

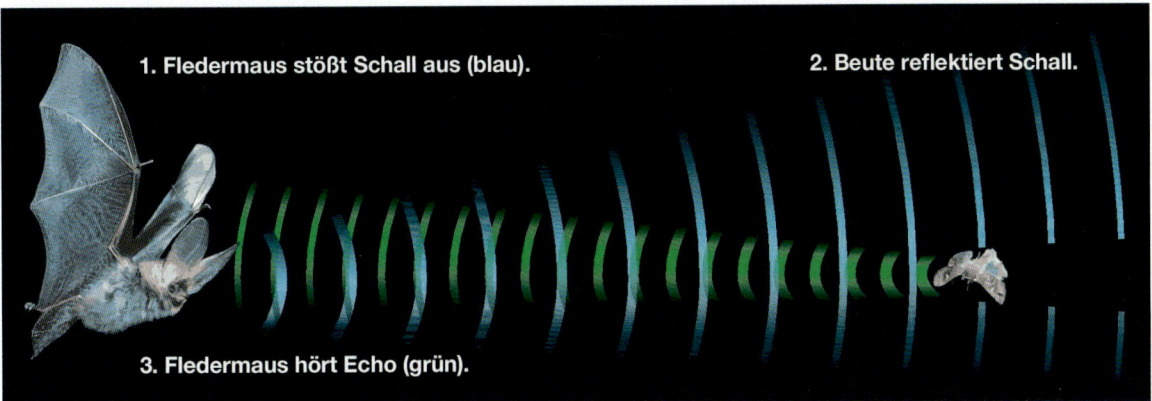

1. Fledermaus stößt Schall aus (blau).

2. Beute reflektiert Schall.

3. Fledermaus hört Echo (grün).

1 Orientierung über Ultraschall

Orientierung in der Dunkelheit

Fledermäuse müssen ständig mit den Flügeln schlagen, um in der Luft zu bleiben. Daher nennt man sie **Flatter-** oder **Fledertiere.** Sie jagen abends und nachts, sind geschickte Flieger und schnelle Jäger. Fledermäuse jagen hauptsächlich Insekten. Sehen können sie ihre Beute aber kaum. Deswegen orientieren sich Fledermäuse durch sehr hohe Töne. Es sind **Ultraschall-Laute,** die wir nicht hören können. Treffen diese auf ein Hindernis, so werden sie als Echo zurückgeworfen und mit den großen Ohren aufgefangen. Anhand des Echos erkennt die Fledermaus Größe, Art und Entfernung eines Gegenstandes. So kann sie auch im Dunkeln Beute machen und Hindernissen ausweichen.

Lebensweise und Körperbau

Tagsüber schlafen Fledermäuse in dunklen Verstecken wie Höhlen, alten Gebäuden oder hohlen Bäumen. Sie krallen sich mit den Hinterbeinen fest und hängen mit dem Kopf nach unten.

Im Herbst werden die Insekten knapp. Deshalb fliegen Fledermäuse in frostsichere Winterquartiere, wo sie große Kolonien bilden. So wärmen sie sich während des **Winterschlafs** gegenseitig.

Fledermausweibchen bringen meist ein Junges pro Jahr zur Welt. Die Neugeborenen sind zunächst nackt und blind. Mit etwa sieben Wochen beginnen sie zu fliegen.

Mit Ausnahme der Flügel ist der Körper mit Fell bedeckt. Zwischen den Gliedmaßen und dem Schwanz befinden sich **Flughäute.**

Bedrohte Fledermäuse

Über die Hälfte der in Bayern vorkommenden Fledermausarten steht auf der **Roten Liste,** ist also ausgestorben, vom Aussterben bedroht oder gefährdet. Dafür gibt es mehrere Gründe: Durch Insektenbekämpfungsmittel wird beispielsweise die Nahrung der Fledermäuse getötet . Ein weiterer Grund sind giftige Holzschutzmittel, die in vielen Quartieren der Fledermäuse verwendet wurden. Außerdem gibt es immer weniger Quartiere.

Durch den strengen gesetzlichen Schutz der Fledermäuse und zahlreiche Programme wie z. B. das Aufstellen von Fledermauskästen konnten in den letzten Jahren wieder mehr Fledermäuse beobachtet werden.

2 Fledermausschutz: **A** Fledermauskasten in einem Park, **B** Fledermaus in einem Fledermauskasten

Der Körperbau der Fledermäuse ist an ein Leben in der Luft angepasst. Sie können sich über Echo-Ortung orientieren. Fledermäuse sind bedrohte Säugetiere.

Ich wünsche mir ein Haustier

1. Ⓐ
Berichtet von Haustieren, mit denen ihr zusammenlebt. Beschreibt, was euch an euren Haustieren gefällt und was euch nicht gefällt.

2. Ⓐ
a) Ein Haustier halten bedeutet Verantwortung übernehmen. Erläutere, was man darunter versteht.
b) Fertige eine Tabelle mit Argumenten für und gegen die Haltung eines Haustieres an.

3. Ⓐ
Berichte, was bei der Haltung von Meerschweinchen zu beachten ist.

4. Ⓐ
Sind Goldhamster, Meerschweinchen und Rennmäuse als Haustiere geeignet? Begründe deine Meinung.

5. Ⓠ
Erstelle Pflegetipps für dein Lieblingshaustier. Suche dazu Informationen in Büchern über Tierhaltung oder im Internet. Achte besonders auf eine artgerechte Tierhaltung.

Goldhamster
- schläft tagsüber, ist nachts aktiv
- lebt als Einzelgänger
- wird selten älter als drei Jahre
- braucht viel Bewegung
- buddelt gerne, benötigt viel Einstreu im Käfig
- benötigt Drahtgitterkäfig, da er Holzwände durchnagt

Mongolische Rennmäuse
- haben einen großen Bewegungsdrang
- dürfen nicht einzeln gehalten werden, da Mäuse in Großfamilien leben
- sind immer aktiv
- dürfen nicht gedrückt werden
- sind einfach zu halten
- beißen nicht, werden schnell zahm

Meerschweinchen als Haustiere

Meerschweinchen sind als Haustiere bei Kindern sehr beliebt. Sie lassen sich streicheln und herumtragen. Meerschweinchen werden etwa 25 cm lang und können bis zu zehn Jahre alt werden. Das Fell unterscheidet sich je nach Rasse. Natürlich müssen ihre Ansprüche an Unterbringung, Ernährung und Pflege beachtet werden, damit sie sich wohl fühlen. Meerschweinchen können wie andere Säugetiere Allergien auslösen.

Herkunft der Meerschweinchen

Die Heimat der Meerschweinchen ist Mittel- und Südamerika. Wildmeerschweinchen leben dort in kleinen Gruppen und wohnen in Erdbauten. Seit über 3000 Jahren werden sie in ihrer Heimat als Haustiere gehalten. Vor etwa 300 Jahren brachten Seeleute einzelne Tiere nach Europa.

2 Meerschweinchen – zutrauliche Haustiere

1 Ein Käfig für zwei Meerschweinchen

Wie hält man Meerschweinchen?

Meerschweinchen sollten mindestens zu zweit gehalten werden. Zu beachten ist, dass es schnell Nachwuchs geben kann, wenn man ein Pärchen hat.

Untergebracht werden Meerschweinchen in einem Käfig mit Metallgitter und Kunststoffwanne. Der Käfig muss leicht zu reinigen sein. Der Boden wird mit einer Schicht Holzspäne und darüber einer Schicht Stroh eingestreut. Die Tiere brauchen außerdem ein Schlafhäuschen und einen rauen Ziegelstein, an dem sie sich die Krallen abwetzen können. Auch zwei Futternäpfe sind notwendig: einer für Körnerfutter, der andere für Frischfutter wie Salat, Gemüse oder Obst. Eine kleine Raufe mit frischem Heu und ein Mineralleckstein sollten nicht fehlen. Außerdem brauchen Meerschweinchen täglich frisches Wasser aus einer Trinkflasche. Einmal wöchentlich sollte das Fell gebürstet werden. Meerschweinchen benötigen täglich Auslauf. Dabei muss man darauf achten, dass sie keine Kabel anknabbern können. Ein Freigehege im Garten ist ideal, es darf allerdings nicht in der prallen Sonne stehen.

3 Rassen: A Glatthaarmeerschweinchen, B Langhaarmeerschweinchen

Meerschweinchen sind problemlos zu haltende Heimtiere. Wenn man ihre natürlichen Bedürfnisse beachtet, bleiben sie gesund und bereiten Freude.

Einen Steckbrief für ein Lebewesen erstellen

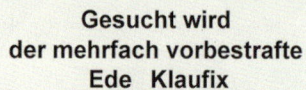

Gesucht wird
der mehrfach vorbestrafte
Ede Klaufix

Hinweise nimmt
jede Polizeidienststelle
entgegen

Ein Steckbrief – was ist das?

Räuber und Verbrecher werden steckbrieflich gesucht. Auf öffentlich ausgehängten Plakaten wird der Gesuchte abgebildet und kurz beschrieben. So kann die Bevölkerung Hinweise geben, die oft zur Festnahme führen. Zusätzlich werden Personen mithilfe moderner Medien gesucht, indem Fotos oder Computerzeichnungen und kurze Beschreibungen veröffentlicht werden.

In den Naturwissenschaften enthalten Steckbriefe ebenfalls oft kurze Beschreibungen, zum Beispiel zu den wichtigsten Merkmalen einer Pflanze oder eines Tieres, sowie Abbildungen. Der Leser kann sich durch diese übersichtliche Darstellung schnell über das Lebewesen informieren.

Zwerghamster

Herkunft:	Asien (Syrien)
Kennzeichen:	unterschiedliche Fellfarben und -arten
Lebensraum:	Steppenlandschaften · bauen ihre Nester in unterirdischen Röhrensystemen
Verhalten:	dämmerungs- und nachtaktiv · Einzelgänger
Nahrung:	Körner, Nüsse, Obst, Gemüse
Fortpflanzung:	7- bis 8-mal im Jahr Würfe von 6–12 Jungen
Lebenserwartung:	1,5–2 Jahre
Besonderheiten:	transportieren ihre Nahrung in Backentaschen
Haltung:	brauchen große Käfige mit Möglichkeiten zum Graben

Usambaraveilchen

Herkunft:	Ostafrika
Kennzeichen:	blaue, rosa, rote und weiße Blüten · pelzig behaarte Blätter
Vermehrung:	Blattstecklinge oder Samen
Ansprüche:	Wärme ohne direkte Sonne, hohe Luftfeuchtigkeit, niedrige Bodenfeuchtigkeit

1. Erstellt verschiedene Steckbriefe zu Tieren und Pflanzen. Jede Gruppe sucht sich ein Tier oder eine Pflanze aus. Orientiert euch an den Beispielen auf dieser Seite.

2. Gestaltet mit den in Aufgabe 1 erstellten Steckbriefen eine Pinnwand.

Aufgaben verstehen

In Schulbüchern findest du viele Arbeitsaufträge. Sie helfen dir, einen Sachverhalt besser zu verstehen, dein Wissen zu überprüfen und anzuwenden. In den Aufgaben kommen immer wieder die gleichen Begriffe vor, mit denen ganz bestimmte Aufträge verbunden sind. Zur Lösung der Aufgaben ist es wichtig, diese Begriffe richtig zu verstehen.

ACHTUNG!
Benutze Fachbegriffe.

METHODE

„Nennen" bedeutet, dass du etwas stichwortartig aufzählst.

1. Nenne die Kennzeichen des Lebendigen.

„Beschreiben" bedeutet, dass du etwas in ganzen Sätzen formulierst ohne es bereits zu erklären oder zu bewerten.

2.a) Beschreibe, wie junge Katzen lernen, ihre Beute zu fangen.

„Erklären" bedeutet, dass du etwas verständlich ausdrückst und die Ursachen deutlich machst.

2.b) Erkläre, warum eine Katze sich lautlos fortbewegen kann.

3. Erläutere, warum sich Hunde im Gegensatz zu Katzen leicht den Menschen unterordnen.

„Erläutern" bedeutet, dass du einen Sachverhalt durch zusätzliche Informationen veranschaulichst und verständlich machst.

4. Vergleiche die beiden Gebisstypen. Welchen Tieren kannst du diese Schädel zuordnen?

„Vergleichen" bedeutet, dass du Unterschiede und Gemeinsamkeiten herausstellst. Oft eignet sich dazu eine Tabelle.

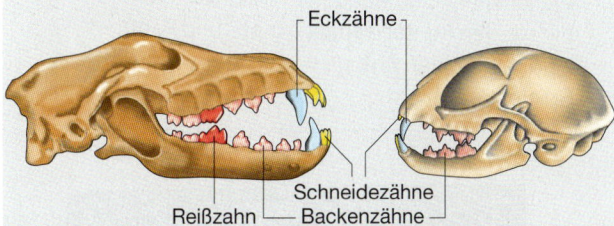

Eckzähne

Schneidezähne
Reißzahn — Backenzähne

„Darstellen" bedeutet, dass du Zusammenhänge strukturiert beschreibst, auch mithilfe von Bildern oder Diagrammen.

5. Stelle den typischen Aufbau einer Blütenpflanze **dar**.

„Beurteilen" bedeutet, dass du anhand von fachlichen Kriterien ein selbstständiges Urteil formulierst.

6. Beurteile, ob eine Pflanze ein Lebewesen ist.

„Bewerten" bedeutet, dass du deine Meinung äußerst und mit deinen Wertvorstellungen begründest.

7. Bewerte die Haltung von Tieren in Zoos.

Artgerechte Tierhaltung?

Was heißt „artgerecht"?

§2 Tierschutzgesetz:

„Wer ein Tier hält, betreut oder zu betreuen hat, muss das Tier seiner Art und seinen Bedürfnissen entsprechend angemessen ernähren, pflegen und verhaltensgerecht unterbringen und darf die Möglichkeit des Tieres zu artgemäßer Bewegung nicht so einschränken, dass ihm Schmerzen oder vermeidbare Leiden oder Schäden zugefügt werden."

Zierfische

Zierfische benötigen ein Aquarium von mindestens 60 cm Breite und 40 cm Höhe.
Weiterhin sind Versteckmöglichkeiten aus Wurzeln und Steinen sowie eine dichte Bepflanzung notwendig. Das Wasser muss gefiltert und je nach Tierart beheizt werden.

Wellensittiche

Wellensittiche gehören zu den Papageien. Sie stammen aus Australien und leben dort in Schwärmen. Ein Käfig für Wellensittiche sollte mindestens 70 cm lang und 50 cm hoch sein. Die Gitterstäbe müssen waagerecht angeordnet sein, damit die Wellensittiche umherklettern können. Weiterhin werden Kletterstangen, Trink- und Futtergefäße benötigt. Zweige und Äste dienen zum Spielen.

Exoten als Haustiere?

Bei einem Ausflug an einen Baggersee entwischte Kaiman „Sammy" seinem Besitzer. Fast eine Woche lang wurde nach dem kleinen Krokodil mit Netzen und Fallen gejagt. Endlich eingefangen kam er in einen Tierpark. Der Besitzer hatte Sammy zuhause in einer Badewanne gehalten. Heute ist Kaiman Sammy auf 150 cm angewachsen und wiegt 50 kg.

Einzelhaft

Das Bundestierschutzgesetz schreibt vor, soziale Tierarten mindestens zu zweit zu halten. Dennoch müssen viele ihr Leben in Einzelhaft verbringen.

1.  Ⓐ ⊙

a) Beschreibe das Bild mit dem Kaninchen.

b) Erläutere, wie im Gegensatz zur Abbildung eine artgerechte Haltung aussehen könnte.

2. Ⓐ

Die abgebildete Käfighaltung des Wellensittichs und die Haltung der Goldfische sind Tierquälerei. Begründe.

3. ☰ Ⓐ

Was hältst du von Exoten, die als Haustiere gehalten werden? Begründe deine Meinung.

4.  Ⓐ ⊙

Begründe, warum Tiere trotz des Tierschutzgesetzes oftmals nicht artgerecht gehalten werden. Welche Überlegungen müssen Tierhalter anstellen, bevor ein Tier angeschafft wird?

Tierhaltung in der Schule

PINNWAND

1.
Informiere dich im Internet über Verwandtschaft, Körpermerkmale, Fortpflanzung, Entwicklung, Vorkommen, Lebensraum und Lebensweise von Mauerasseln. Erstelle ein Plakat.

2.
Erstelle einen Steckbrief zur Anam-Stabschrecke. Stelle diesen in deiner Klasse vor.

3.
Informiere dich, welche Fische für das Leitungswasser an eurer Schule geeignet sind.

Tiere in der Schule
Tiere in der Schule ermöglichen den direkten Kontakt zu ihnen. So könnt ihr ihren Bau und ihr Verhalten beobachten. Wichtig sind artgerechte Haltung und regelmäßige Pflege.

Mauerasseln
Vorkommen: unter Steinen · Brettern · im Komposthaufen
Nahrung: Falllaub · Salat · Obst · Gemüse
Haltung: großer Kunststoff- oder Glasbehälter · Deckel mit Luftlöchern · als Bodengrund verwendet man am besten lockere Gartenerde (7 – 10 cm), auf die einige Rinden- und morsche Holzstücke sowie eine Schicht (3 – 4 cm) feuchtes Falllaub aufgebracht werden
Pflege: regelmäßige Befeuchtung des Bodens · ausreichend Tageslicht · Zimmertemperatur

Aquarium
Anschaffung: Aquarienfachhandel
Technik: Beleuchtung · Filterpumpe · Heizung
Tipp: Heimische Fischarten benötigen ein Kaltwasseraquarium, eine Heizung ist hier nicht nötig.
Pflege: regelmäßiges Wasserwechseln · Fische füttern · für die Ferien ein netzunabhängiger Futterautomat · Überprüfen der Wasserqualität · hin und wieder Bodengrund säubern · Scheiben putzen · Pflanzen kürzen
Warmwasser-Fische: Guppies · Black Mollies · Barsche · Salmler · Neonfische · Panzerwelse · …
Kaltwasser-Fische: Goldfische · Stichlinge · Moderlieschen · Bitterlinge · Elritzen · …

Stabschrecken
Vorkommen: Südostasien (im Fachmarkt besorgen)
Nahrung: Brombeerblätter
Haltung: in einem Glasterrarium · Brombeerzweige in eine kleine Vase mit Wasser geben · Boden mit lockerer Gartenerde bestreuen
Pflege: wöchentlich frische Brombeerzweige mit Blättern in die Vase geben · alle zwei Tage Pflanzen mit Wasser besprühen · bei Bedarf Eier und Kotreste entfernen

Von Füchsen und Menschen

Der Rabe und der Fuchs

An einem Morgen saß ein Rabe mit einem gestohlenen Stück Käse im Schnabel auf einem Ast, wo er in Ruhe seine Beute verzehren wollte.

Zufrieden krächzte der Rabe über seinen Käse. Dies hörte ein vorbei ziehender Fuchs. Er dachte nach, wie er an den Käse kommen könnte. Endlich hatte er eine hinterlistige Idee.

Freundlich begann der Fuchs den Raben zu loben: „Oh Rabe, was bist du für ein wunderbarer Vogel! Wenn dein Gesang ebenso schön ist wie dein Gefieder, dann sollte man dich zum König aller Vögel krönen!"

Das schmeichelte dem Raben und das Herz schlug ihm vor Freude höher. Stolz riss er seinen Schnabel auf und begann zu krächzen. Dabei entfiel ihm das köstliche Stück Käse. Darauf hatte der Fuchs nur gewartet. Schnell schnappte er sich die Beute und machte sich gleich ans Fressen. Da rief der Rabe empört: „He, das war gemein!"

Doch der Fuchs lachte nur über den törichten Raben. Der Stolze wird gestürzt: Ja, Hochmut kommt vor dem Fall!

1. **A**

a) Im Text: „Der Rabe und der Fuchs" werden dem Fuchs und dem Raben menschliche Eigenschaften zugesprochen. Nenne diese.

b) Erkläre, warum den Tieren diese Eigenschaften zugesprochen werden. Nimm dazu den Kasten „Vermenschlichung" zu Hilfe.

Vermenschlichung

In manchen Texten, wie z. B. der Fabel „Der Fuchs und der Rabe", werden Tieren menschliche Eigenschaften zugesprochen. Der Fuchs z. B. sei schlau und hinterlistig, der Löwe stolz und der Hase ängstlich. Diese Tiere zeigen wohl Verhalten und Eigenschaften, die menschlichen Eigenschaften scheinbar ähneln. Tatsächlich wird das Handeln von Tieren jedoch nicht von so komplizierten Eigenschaften gesteuert.

2. **A**

Du willst einen Kurzvortrag über den Fuchs halten und findest in einem alten Buch folgende Aussage: „Der listige Fuchs schleicht sich heimlich und hinterhältig an seine Beute. Er ist ein Schlaukopf und Strauchdieb." Begründe, warum diese Information für dich wenig hilfreich ist.

3. **Q**

In vielen bekannten Märchen spricht man vom „bösen Wolf".

a) Nenne einige Märchen, bei denen man den Wolf als böses Tier darstellt.

b) Erkläre, warum man ihm diese Eigenschaften zuspricht.

c) Nenne zu zwei weiteren Tieren vermenschlichte Eigenschaften, die man ihnen bisweilen andichtet.

4. **A**

Menschen neigen häufig dazu, ihr Haustier wie einen menschlichen Spielkameraden oder ein Familienmitglied zu behandeln. Bewerte dies.

Ein Hund kommt ins Haus

1. ≣ Ⓠ
Besucht ein Tierheim und informiert euch über die dort lebenden Hunde.
a) Fragt nach den Bedürfnissen eines Hundes und notiert wichtige Stichpunkte.
b) Erkundigt euch, warum Menschen ihre Hunde im Tierheim abgeben. Macht euch Notizen.
c) Sprecht über die genannten Gründe.

Kosten für einen Hund pro Jahr (Beispiel)	
100 kg Trockenfutter	150,00 €
50 Dosen Fleischnahrung	50,00 €
50 Kauknochen	74,50 €
Grundausstattung für einen Hund	83,00 €
(Leine, Körbchen, Wasser- und Futternapf, Bürste, Krallenschere, Transportbox usw.)	
Haftpflichtversicherung	50,00 €
Hundesteuer	72,00 €
Tierarztkosten	80,00 €
Hundeschule	125,00 €

1 Hunde aus dem Tierheim suchen ein Zuhause.

2. ≣ Ⓐ ◉
Berechne mithilfe der Aufstellung, mit welchen Kosten ein Hundehalter jährlich, wöchentlich und täglich rechnen muss.

3. ≣ Ⓐ ◉
Fertigt ein Merkblatt „Tipps zur Hundehaltung" an. Vergleicht eure Ergebnisse.

Der Wunsch nach einem Hund

Viele Kinder wünschen sich einen Hund, denn Hunde sind treue und anhängliche Tiere. Sie machen ihren Besitzern meist viel Freude. Kinder können mit kinderlieben Familienhunden spielen und toben.

Was ein Hund braucht

Bevor ein Hund ins Haus kommt, sollte die ganze Familie überlegen, wie sie den gewünschten Hund artgerecht halten kann.
Hunde werden durchschnittlich 10 bis 12 Jahre alt. So lange muss der Hund in der Familie gut betreut werden. Die Familie sollte gemeinsam überlegen, wie die Aufgaben, die bei der Hundebetreuung anfallen, verteilt werden sollen. Mehrmals täglich muss der Hund „Gassi" geführt werden. Bei längeren Spaziergängen sollte er auf andere Artgenossen treffen, um mit ihnen spielen zu können.
Fütterung, Fellpflege und das Spielen erfordern ebenfalls Zeit. Insgesamt sollte die Familie sich ein bis zwei Stunden täglich um den Hund kümmern.
Auch an die Kosten, zum Beispiel für Futter, Tierarzt oder Steuern, müssen zukünftige Hundehalter denken. Die Frage, ob der Hund in den Urlaub mitgenommen oder zuhause versorgt wird, sollte ebenfalls vorher geklärt werden. Mit Lob, Belohnung und Konsequenz können Hunde erzogen werden. Hundeschulen helfen dabei.

2 Ein Zuhause ist gefunden.

Nachdem alle Familienmitglieder gemeinsam die Entscheidung getroffen haben, einen Hund anzuschaffen, geht es um die richtige Rasse. In Tierheimen warten Rassehunde und Mischlinge auf ein neues Zuhause.

Bei einer artgerechten Hundehaltung müssen die Bedürfnisse des Hundes bei Unterbringung, Ernährung und Pflege beachtet werden. Auch die dabei anfallenden Kosten musst du vor der Anschaffung abschätzen.

Der Hund – Freund, Partner, Helfer

1. ≡ Q
Führt in eurer Klasse eine Umfrage durch:
a) Erfragt mögliche Gründe, warum Menschen Hunde als Haustiere halten.
b) Welche Hunderassen werden in den Familien eurer Mitschülerinnen und Mitschüler gehalten?
c) Welche besonderen Eigenschaften haben unterschiedliche Hunderassen? Stellt die Ergebnisse zusammen und wertet sie aus.

2. ≡ Q ⬉
Die auf den Fotos abgebildeten Hunde haben jeweils unterschiedliche „Aufgaben".
a) Beschreibe die Aufgaben und ordne sie – wenn möglich – bestimmten Hunderassen zu.
b) Notiere jeweils Sinnesorgane und Fähigkeiten des Hundes, die besonders gefordert werden.

3. ≡ A
Erläutere die in der Überschrift verwendeten Begriffe: Freund, Partner, Helfer.

4. ≡ Q
Informiere dich über so genannte „Kampfhunde".
a) Benenne Hunderassen, die als solche eingestuft werden.
b) Erkläre, warum deren Haltung mit vielen gesetzlichen Auflagen verbunden ist.

5. ≡ A ⬉
a) Berichte über die Entwicklung von Wölfen zu Haushunden.
b) Beschreibe die Rolle der Züchtung in diesem Zusammenhang.

6. ≡ A
Erläutere, warum Hunde zu den Raubtieren gezählt werden. Beziehe dich dabei auf das Jagdverhalten und die Form des Gebisses.

A

B

C

D

E

F

Die Abstammung des Hundes

Menschen hielten schon vor mehr als 14000 Jahren Hunde. Der Hund gilt als **ältestes Haustier.** Es gibt etwa 400 Hunderassen, die alle vom **Wolf** abstammen. Man vermutet, dass Wölfe den Steinzeitmenschen folgten, um an Nahrungsreste zu gelangen. Möglicherweise schafften es die Jäger dabei, junge Wölfe zu fangen und sie zu zähmen.

Nützliche Eigenschaften der Wölfe

Wölfe leben in **Rudeln** und brauchen die Gemeinschaft einer Gruppe. Die Menschen erkannten, dass Wölfe bestimmte nützliche Eigenschaften besitzen. Mit ihrem ausgeprägten **Geruchssinn** spüren sie Wild auf. Durch den sehr guten **Hörsinn** nehmen sie Geräusche wahr, die wir Menschen nicht hören können. Durch Knurren oder Bellen machen sie auf Gefahren aufmerksam.

2 Wölfe

Der Hund ist ein Raubtier

Schaut man Kindern beim Spiel mit ihrem Hund zu, glaubt man nicht, dass Hunde **Raubtiere** sind. Spüren Hunde im Gelände jedoch z. B. einen Hasen auf, so hetzen sie hinterher. Wegen dieser Jagdweise bezeichnet man sie als **Hetzjäger.** Hunde haben lange Beine, mit denen sie ausdauernd laufen können. Als **Zehengänger** treten sie nur mit den Zehen auf. Diese sind mit weichen Ballen gepolstert. Die kurzen Krallen können nicht eingezogen werden.

Das typische **Raubtiergebiss** des Hundes besitzt lange und spitze Eckzähne, die auch als Fangzähne bezeichnet werden. Die kräftigen, gezackten und scharfen Backenzähne dienen dazu, Fleisch abzureißen und zu zerkleinern. Die stärksten Backenzähne heißen daher auch Reißzähne. Die recht kleinen Schneidezähne dienen vor allem dazu, Fleischreste von Knochen abzuzupfen.

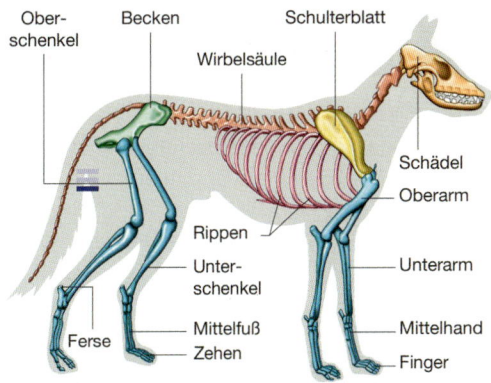

1 Skelett des Hundes

Züchtung der Hunderassen

Jungtiere erben wesentliche Eigenschaften von ihren Eltern. In jeder Generation treten aber auch kleine Veränderungen auf, also Merkmale, die die Eltern nicht besaßen. Solche Veränderungen, die **Variationen,** sind die Grundlage für die **Züchtung.** Die Steinzeitjäger wählten als Elterntiere für die Weiterzucht immer wieder Tiere aus, die für den Menschen besonders nützliche Eigenschaften zeigten. So entwickelten sich im Laufe der Zeit viele **Hunderassen,** die ihren Ahnen, den Wölfen, nur noch wenig ähneln.

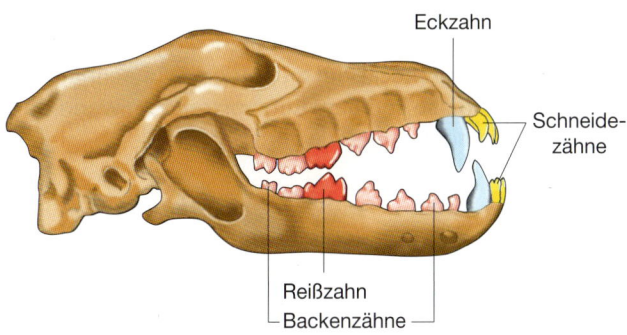

3 Raubtiergebiss des Hundes

Der Wolf gilt als Stammvater aller Hunderassen. Hunde gehören zu den Raubtieren mit einem ausgeprägten Geruchs- und Gehörsinn. Durch Zucht sind zahlreiche Hunderassen entstanden, die vom Menschen in vielfältiger Weise genutzt werden.

Basiskonzepte S. 123

Mischlinge und Rassehunde

Jack Russel Terrier
Ursprünglich ein Jagdhund
• lebhaft
• wachsam
• freundlich
• geeigneter Familienhund

Golden Retriever
Ursprünglich ein Jagdhund
• häufig guter Schwimmer
• verspielt • sehr gute Verträglichkeit mit Kindern
• lernwillig • sehr anpassungsfähig

Sibirian Husky
Ursprünglicher Begleithund von Nomadenvölkern in Sibirien • ausgeprägter Orientierungssinn, durch den er den bekannten Weg nicht verliert, selbst wenn er durch eine hohe Schneedecke nicht mehr sichtbar ist • benötigt sehr viel Auslauf

Mischlinge
Mischlinge haben Eltern verschiedener Rassen oder sind Nachfahren von Mischlingen • im Allgemeinen sehr anhänglich • gesellig • lernfähig • körperlich robust • weniger krankheitsanfällig als viele Rassehunde

1. **Q**
Welcher Hund wäre für dich geeignet? Erstelle mithilfe des Internets einen Steckbrief zu deinem Wunschhund und trage deine Ergebnisse in einem Kurzvortrag vor. Wenn du bereits einen Hund hast, stelle ihn vor.

2. **A**
„Ein Golden Retriever vertreibt keinen Einbrecher; stattdessen freut er sich über den Besuch und hilft jenem, die Wertsachen aus dem Haus zu tragen." Begründe, auf welches Wesensmerkmal diese Aussage eines Hundekenners zurückzuführen ist.

3. **A**
Die Oma deines Freundes lebt alleine und wünscht sich einen treuen Hund.
a) Beschreibe den Charakter des Hundes, der für sie infrage käme.
b) Nenne drei Hunderassen, die auf gar keinen Fall infrage kommen.

Deutscher Schäferhund
Ursprünglich ein Hütehund
• ausgeglichen • treu • wachsam • anhänglich • ausgeprägter Familiensinn • lernwillig • benötigt viel Auslauf und Beschäftigung, sowie konsequente Erziehung

Wölfe – sie kommen ...

Früher ...

Früher war der Wolf in ganz Bayern verbreitet. Im Sommer 1882 wurde im Oberpfälzer Fichtelgebirge bei einer Jagd der letzte Wolf Bayerns erlegt. Damit verschwand ein „Ureinwohner" Bayerns und ein wichtiger Teil der heimatlichen Wälder. Jahrhundertelang hatte der Wolf als Raubtier den Rehbestand für den Wald reguliert. Heute müssen Jäger diese Aufgabe übernehmen.

... und heute

Auch wenn der Wolf in Bayern ausgerottet wurde, ist er in Europa nie vollständig verschwunden. Aus Gebieten in Osteuropa gehen immer wieder einzelne Wölfe auf Wanderschaft. Meldungen über Beobachtungen von Wölfen in Bayern häufen sich. In Sachsen und Niedersachsen sind Wölfe schon wieder heimisch.

Wölfe sind scheu

Obwohl Wölfe bereits unter uns leben, wirst du kaum einen zu sehen bekommen. Die meisten Wölfe sind sehr scheu und meiden daher den Menschen.

Gesundheitspolizei

Wölfe brauchen nicht unbedingt eine unberührte Wildnis oder Wald. Die meisten Wolfsrudel in Europa leben in mehr oder weniger intensiv vom Menschen genutzten Regionen. Oft erlegen sie kranke oder schwache Tier und Jungtiere in der freien Natur. Der Mensch steht nicht auf dem Speiseplan des Wolfes.

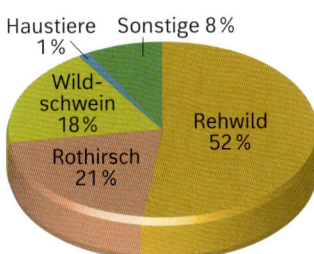

Haustiere 1% · Sonstige 8% · Wildschwein 18% · Rothirsch 21% · Rehwild 52%

Speiseplan des Wolfs

PINNWAND

1. ≡ **Q**
Erstelle mithilfe des Internets einen Steckbrief über den Wolf. Trage deine Ergebnisse in einem Kurzvortrag vor.

2. ≡ **A**
„Wo der Wolf heult, wächst der Wald" (russ. Sprichwort). Begründe, auf welche Eigenschaft des Wolfes dieses Sprichwort anspielt. Berücksichtige dabei auch die Nahrungszusammensetzung des Wolfes.

3. ≡ **A**
Wölfe sind streng geschützt. Trotzdem sind sie sehr gefährdet.
a) Nenne dafür mindestens vier Gründe.
b) Wie könnte man freilebende Haustiere vor Wölfen schützen?

4. ≡ **A**
Bewerte, ob der Wolf in Bayern wieder heimisch werden sollte. Welche Folgen hätte deine Entscheidung?

„Wenn der Wolf kommt, muss ich gehen!"

Ein Schäfer aus Niedersachsen berichtet: „Letztes Jahr hat sich ein Wolf mehrere

Schafe aus meiner Herde geholt. Damit er keine Tiere mehr reißt, habe ich mir einen zweiten Hund zugelegt. Die Herde musste ich für viel Geld einzäunen. Ich brauche den Wolf nicht! Wenn noch mehr kommen, habe ich Angst um meine Existenz. Wie soll ich in Zukunft dann meine Familie ernähren?"

Im Internet nach Informationen suchen

Informationsquelle Internet

Im Internet ist zu fast jedem Thema etwas zu finden. Meist genügt ein Stichwort und die Suchmaschine spuckt Tausende von Webseiten dazu aus.
Oft ist es aber schwer, unter den vielen Ergebnissen die zu finden, die du auch brauchen und denen du vertrauen kannst.

Die richtige Suchmaschine

Suchmaschinen durchsuchen das Internet rund um die Uhr. Sie merken sich, auf welchen Webseiten welche Wörter vorkommen. Gibt man in eine Suchmaschine ein Stichwort ein, zeigt es einem meist viele Adressen von Seiten, auf denen dieses Stichwort vorkommt. Die bekannteste Suchmaschine ist Google. Für den Anfang sind aber oft andere Suchmaschinen besser geeignet.

Zu den Suchmaschinen, die besonders für Schülerinnen und Schüler geeignet sind, gehören blinde-kuh, fragfinn und helleskoepfchen. Sie liefern zwar meist weniger, dafür aber brauchbarere Fundstellen.

❶ Ziel formulieren und Zeitlimit setzen

Nur wenn du genau weißt, was du suchst, kannst du es auch finden. Wer zum Beispiel „irgendetwas über Hunde" sucht, wird alles mögliche, meist aber wenig Brauchbares finden.
Formuliere das Ziel deiner Suche daher möglichst genau und überlege dir auch, ob du eher Texte, Bilder oder Videos finden möchtest.
Nach deiner Suche brauchst du Zeit, um die Ergebnisse auszuwerten. Setze dir daher für die eigentliche Suche ein Zeitlimit, um dich nicht zu verzetteln.

❷ Suchbegriffe geschickt wählen und verknüpfen

Einzelne Suchbegriffe führen zu vielen, aber oft unpassenden Ergebnissen. Wenn du mehrere Begriffe eingibst, werden zuerst Seiten gefunden, auf denen alle Begriffe vorkommen. Wählst du Begriffe geschickt aus, findest du weniger, aber passendere Seiten.
Man kann auch nach Seiten suchen, auf denen bestimmte Begriffe NICHT vorkommen oder die eine genaue Folge von Begriffen enthalten. Wie das geht, steht in der Tabelle.

Verknüpfung	Beispiel und Erklärung
alle Begriffe	**Hund +Steckbrief** Verbinde die Suchbegriffe mit einem Pluszeichen (+) um nur Seiten zu finden, die alle Begriffe enthalten.
genaue Folge	**„Steckbrief Hund"** Schließe die Suchbegriffe in Anführungszeichen (") ein, um nur Seiten mit der genauen Begriffsfolge zu finden.
einen Begriff	**Hund ODER Katze** Verbinde mehrere Begriffe mit dem Wort ODER, um Seiten zu finden, die mindestens einen der Begriffe enthalten.
einen Begriff nicht	**Hund -Katze** Schreibe vor einen Begriff ein Minuszeichen (-), um nur Seiten zu finden, auf denen dieser Begriff nicht vorkommt.

TIPP
Ergänze deine Suchanfrage mit „+du" und du findest nur Seiten, auf denen der Leser geduzt wird. Vor allem bei Google findest du so meist leichter verständliche Seiten.

Adresszeile   Suchfeld

❸ Gefundene Seiten auswählen und einordnen

Meist liefert dir die Suchmaschine zu jeder gefundenen Seite direkt eine Vorschau, so wie in der Abbildung rechts. Du kannst dann abschätzen, ob diese Seite für dich interessant sein könnte. Ist die Vorschau vielversprechend, schaue dir die Seite genauer an. Beachte dabei, von wem die Seite erstellt wurde: Gute Seiten haben ein Impressum. Dort kann man nachlesen, wer für den Inhalt der Seite verantwortlich ist. Manche Seiten dienen mehr der Werbung als der Information. Auch betrügerische Seiten sind zu finden. Wenn du unsicher bist, ob eine Seite seriös, also „gut" ist, frage im Zweifel eine Lehrkraft.

❹ Ergebnisse auswerten, ordnen und zusammenfassen

Lies die Informationen der vertrauenswürdigen Seiten genauer durch. Prüfe, ob sie zu deinem Ziel passen. Wenn ja, mache dir Notizen, drucke die Seite oder die nützlichen Stellen aus oder kopiere sie in ein eigenes Dokument.
Wichtig: Halte immer auch die Quelle fest, also woher die Informationen stammen. Gib dies immer mit an, wenn du die Informationen verwendest.
Wenn du Fragen zu einzelnen Stellen hast, musst du diese klären, zum Beispiel, indem du Mitschüler oder eine Lehrkraft fragst. Verwende nichts, was du nicht verstehst.

Wenn du genug interessante und verständliche Informationen gefunden hast, ordne alles sinnvoll und fasse es zusammen. Kurze wörtliche Zitate können sinnvoll sein, das Kopieren längerer Texte eher nicht.

CHECKLISTE INTERNETRECHERCHE
✓ Ziel genau formuliert?
✓ Begriffe sinnvoll verknüpft?
✓ Quellen geprüft und angegeben?
✓ Fundstellen gelesen und verstanden?
✓ Informationen ausgewählt, geordnet und zusammengefasst?

1. Finde im Internet Steckbriefe zur Rasse „Deutscher Schäferhund" und stelle daraus einen eigenen Steckbrief zusammen.

2. Die Hunderasse „Deutscher Schäferhund" wird kaum noch für das Hüten von Schafen eingesetzt. Recherchiere und berichte, wozu man diese Hunde heute meist einsetzt.

Die Hauskatze – ein „Stubentiger"

1. ≡ Ⓐ
a) Betrachte die Bilder auf den beiden Seiten des Buches. Beschreibe jeweils die dort abgebildeten Verhaltensweisen der Katzen.
b) Schildere Situationen, in denen du schon einmal Katzen beobachtet hast, die sich ähnlich verhalten haben.
c) Erläutere die besondere Bedeutung des Spielens für junge Katzen.

2. ≡ Ⓠ
a) Informiere dich über den Tagesablauf einer Hauskatze. Vielleicht können dir Mitschülerinnen und Mitschüler helfen, die selbst Katzen halten.
b) Verfasse ein „Katzentagebuch" über einen Tag und eine Nacht. Schreibe dabei aus Sicht der Katze.

3. ≡ Ⓐ ⓝ
a) Beschreibe den Schädel der Katze.
b) Erläutere die Auffälligkeiten am Gebiss der Katze. Benenne den Gebisstyp.
c) Vergleiche den Katzenschädel mit dem Hundeschädel.

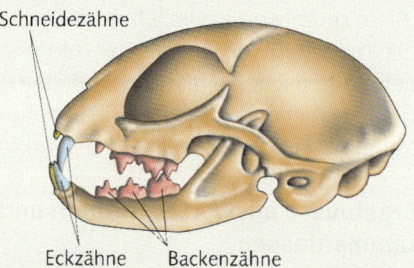

Schneidezähne

Eckzähne   Backenzähne

4. ≡ Ⓐ
Die Bildfolge oben zeigt das Verhalten einer Katze, die aus etwa 3 m Höhe fällt.
a) Beschreibe, wie die Katze es schafft, auf ihren vier Pfoten zu landen.
b) Katzen, die aus geringer Höhe zu Boden fallen, landen häufig nicht auf ihren Pfoten. Erkläre, aus welchem Grund eine Höhe von etwa 2 m bis 3 m erforderlich ist, damit die Landung auf vier Pfoten auch tatsächlich gelingt.

A   B

5. ≡ Ⓐ
Betrachte die beiden Abbildungen der Pfoten genau.
a) Erläutere die Eigenschaften der Katzenpfote, die hier deutlich werden.
b) Beschreibe, welche Vorteile die Katze durch den Bau der Pfoten hat.

1 Katze: **A** beim Spielen, **B** beim Balancieren

Immer noch ein Raubtier

Bei uns ist die Hauskatze seit etwa 1000 Jahren heimisch. Damals wurde sie zum Haustier. Dass sie aber in vielerlei Hinsicht noch ein Raubtier ist, erkennst du unter anderem an ihrem typischen **Raubtiergebiss.**

Die scharfen **Krallen**, die eine Katze beim Beutefang einsetzt, ermöglichen es ihr auch, senkrecht an Baumstämmen hochzuklettern. Immer wieder schärft sie ihre Krallen, indem sie diese an rauen Gegenständen wetzt. Streckt eine Katze ihre Pfote aus, klappen die Krallen automatisch nach vorne. Normalerweise sind die Krallen jedoch eingezogen. Daher ist es kaum möglich, eine sich nähernde Katze zu hören – anders als zum Beispiel einen Hund, der seine Krallen nicht einziehen kann. Die Katze kann sich deshalb gut anschleichen.

Erstaunliche Beweglichkeit

Katzen sind extrem beweglich. Die Wirbelsäule ist sehr biegsam, denn die Wirbel sind elastisch miteinander verbunden. Daher kann sich eine Katze im Fallen rasch drehen und schafft es meist, auf ihren Füßen zu landen. Der Schwanz dient als „Balancierhilfe".

Wie Katzen lernen

Katzen haben Spaß daran, mit Gegenständen zu spielen. Dieses **Spiel** hat eine wichtige Bedeutung, denn das Verfolgen, Fangen, „Erbeuten" und Loslassen von Spielgegenständen gehören zum aktiven **Jagdverhalten** der Katze. Der Trieb, Beute zu fangen, ist Katzen angeboren.

2 Katze beim Klettern

Die große Geschicklichkeit, mit der erfahrene Katzen aber Beute machen, muss eine junge Katze erst noch erlernen. Hierfür sind das Spielen und Herumtoben mit ihren Geschwistern und der Mutter, aber auch das spielerische Verfolgen und Fangen von Gegenständen wichtig.

Katze und Mensch

Katzen sind sehr anpassungsfähig. Sie gewöhnen sich schnell an Menschen und können sehr zutraulich und anhänglich werden. Anders jedoch als Hunde sind Katzen **Einzelgänger** und bestimmen ihren Tagesablauf und auch die Kontakte zum Menschen selbst. Will eine Katze spielen, so zeigt sie uns dies. Hat sie jedoch kein Interesse, so teilt sie das genauso unmissverständlich mit, vielleicht sogar durch einen Hieb mit ihrer Pfote.

> Die Bewegungen der Katze zeichnen sich durch Gewandtheit und Schnelligkeit aus. Die einziehbaren Krallen dienen zum Klettern und dem Beutefang. Die Hauskatze hat ein Raubtiergebiss. Durch Spielen lernen junge Katzen die große Geschicklichkeit, die sie später beim Beutefang brauchen.

Basiskonzepte S. 123

Mit scharfen Sinnen auf Beutejagd

1. In der Bildserie A bis F siehst du, wie eine Katze eine Maus fängt. Beschreibe die einzelnen Abschnitte. Beachte hierbei die Körperhaltung der Katze.

2. Beschreibe, welche Sinne bei der Katze besonders ausgeprägt sind, und erläutere ihre Bedeutung für eine erfolgreiche Jagd.

3. Während Katzen tagsüber meist ruhen, gehen sie nachts auf Beutefang. Die drei Abbildungen unten zeigen die Augen der Katze bei unterschiedlichen Lichtverhältnissen in unsortierter Reihenfolge.
a) Ordne die drei Abbildungen den jeweiligen Lichtverhältnissen (Tag, Dämmerung, Nacht) zu und begründe deine Zuordnung.
b) Katzen haben die Fähigkeit, die Öffnungsweite der Pupillen in Abhängigkeit von der Umgebungshelligkeit zu verändern. Beschreibe den Vorteil, den die Katze davon hat.

A

B

C

D

E

F

A

B

C

1 A – C Auge der Katze bei unterschiedlichen Lichtverhältnissen

Jagdverhalten

Katzen sind **Nachtjäger**. Bei der Jagd wartet eine Katze an einer geeigneten Stelle oft längere Zeit auf Beute, zum Beispiel eine Maus. Hat sie etwas gehört oder gesehen, schleicht sie sich in geduckter Körperhaltung langsam heran. Aufgrund dieses Verhaltens bezeichnet man die Katze auch als **Schleichjäger.** Immer wieder hält sie zwischendurch inne und verharrt in regloser Haltung. Ihre gesamte Konzentration ist auf die Beute gerichtet. Ist sie schließlich nahe genug herangekommen, schnellt sie vor, packt mit ihren Vorderpfoten zu und hält das Opfer mit ihren Krallen fest.

3 Hauskatze mit Beute

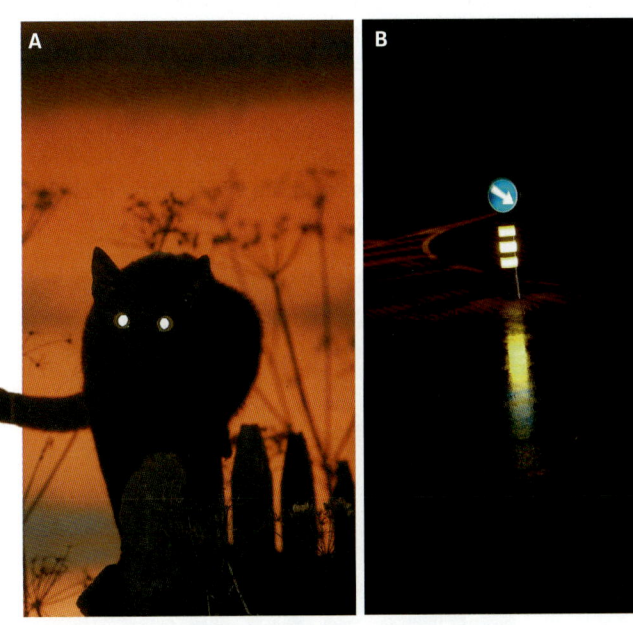

2 Lichtreflexion: **A** im Katzenauge, **B** am Straßenrand

Leistungsfähige Augen

Neben dem Anschleichen spielen auch die **Sinnesorgane** der Katze für die erfolgreiche Jagd eine große Rolle. Mit deren Hilfe nimmt sie ihre Umwelt wahr.
Das wichtigste Sinnesorgan der Katze ist das **Auge.** Nachts sind die Pupillen kreisrund und weit geöffnet, sodass auch schwaches Licht zum Sehen ausreicht. Wird eine Katze im Dunkeln durch das Scheinwerferlicht eines Autos angestrahlt, so leuchten ihre Augen hell auf. Wie von einem Spiegel werden die einfallenden Lichtstrahlen vom reflektierenden Augenhintergrund zurückgeworfen. Tagsüber sind die Pupillen zu einem schmalen, senkrechten Spalt verengt, sodass nur wenig Sonnenlicht in die empfindlichen Augen gelangen kann.

Bewegliche Ohren

Mit ihrem feinen **Gehör** entgehen der Katze selbst schwache Geräusche wie leises Mäusepiepsen nicht. Die beweglichen Ohrmuscheln können Katzen auf die Stellen hin ausrichten, aus denen die Geräusche kommen. Die Ohrmuscheln wirken wie Schalltrichter. Auf diese Weise stellen Katzen sowohl die Richtung als auch die Entfernung einer Geräuschquelle sehr genau fest.

Ausgeprägter Tastsinn

Auch der **Tastsinn** der Katze ist gut entwickelt. Die langen Tasthaare, die sich vorwiegend an der Oberlippe befinden, sind empfindliche Fühler für den Nahbereich. Damit können Katzen auch bei völliger Dunkelheit Hindernisse feststellen, Erschütterungen wahrnehmen und Beutetiere abtasten.

Auch Gerüche spielen für Katzen eine Rolle, jedoch orientieren sie sich wesentlich weniger mithilfe des Geruchssinnes als Hunde.

> Katzen sind Schleichjäger. Ihr wichtigstes Sinnesorgan ist das Auge. Mithilfe ihres reflektierenden Augenhintergrundes können die Katzen auch bei schwachem Licht noch sehen. Mit den beweglichen Ohrmuscheln können sie aber auch gut hören. Auch der Tastsinn ist gut entwickelt.

Raubkatzen in Bayern – Rückkehr auf leisen Pfoten

Die Wildkatze – Rückkehr eines Schleichjägers

Katzen kennt jeder, eine **Wildkatze** haben aber nur wenige Menschen in Freiheit gesehen. Die **Einzelgänger** sind sehr scheu und leben versteckt in großen Waldgebieten. Außerdem sind sie überwiegend dämmerungs- und nachtaktiv. Mit ihren empfindlichen Augen und Ohren nehmen sie ihre Hauptbeute, verschiedene Mäusearten, wahr. Sie schleichen sich an und überwältigen die Beute im Sprung.

Wildkatzen ähneln wildfarbenen Hauskatzen sehr. Sie sind aber etwas größer als diese. Außerdem haben sie einen sehr buschigen Schwanz, der in drei schwarzen Ringen endet. Trotz der großen Ähnlichkeit stammen Hauskatzen nicht von der Wildkatze ab, sondern von der ägyptischen Falbkatze.

Früher wurden Wildkatzen bejagt, doch heute stehen sie unter Naturschutz. Da ihr Lebensraum, große naturnahe Waldgebiete, immer weiter schrumpfte, wurden sie selten und stehen auf der **„Roten Liste"** der bedrohten Arten. In den letzten Jahren ist aber ein leichter Zuwachs der Wildkatzenzahl in Deutschland zu beobachten, sodass Hoffnung auf eine Erholung dieser Art besteht.

Der Luchs erobert die bayerischen Wälder

Lange Zeit war der **Luchs** in Bayern ausgerottet. Erst durch Schutzmaßnahmen und **Wiederansiedelungsprogramme** konnte er bei uns wieder heimisch werden. Bisher konnte man den Luchs im Bayerischen Wald, im Alpenraum und sogar im Spessart nachweisen.

Typische Merkmale des Luchses sind das gefleckte Fell, Pinselohren, der Backenbart und ein kurzer Schwanz. Mit ihren langen Beinen und großen Tatzen erreichen sie eine Körperhöhe von bis zu 60 cm.

Die Katze lebt zurückgezogen in waldreichen Gebieten. Dort jagt sie vorwiegend Rehe und Hirschkälber. Aber auch Hasen, Kaninchen, Vögel und Mäuse stehen auf dem Speiseplan.

Luchse sind wie Wildkatzen **Einzelgänger.** Die Jungen werden von der Mutter allein aufgezogen.

Auch Luchse sind gefährdet. Manchmal werden die jungen Luchse Opfer von Verkehrsunfällen oder verhungern. Auch die Wilderei ist ein Problem. Doch die Wiederansiedelungsprogramme zeigen erste Erfolge und die Luchse beginnen sich wieder auszubreiten.

1. Erstellt Steckbriefe zur Wildkatze und zum Luchs und stellt sie euren Mitschülern in einem Kurzvortrag vor.

2. Vergleiche Hauskatze und Wildkatze im Hinblick auf Aussehen und Verhalten.

3. Untersuchungen ergaben, dass von hundert Wildkatzen sich 65 von Mäusen ernähren.
8 fressen junge Hasen, 21 ernähren sich von Waldvögeln und in 4 Wildkatzenmägen fand man sogar Reste von Fischen. Die restlichen 2 entfallen auf Aas.
a) Stelle das Ergebnis übersichtlich in einem Kreisdiagramm dar.
b) Erkläre, warum die Wildkatze nützlich für den Wald ist.

1 Wildkatze

2 Weiblicher Luchs mit Jungen

Großkatzen

A

) Fasse in einer Tabelle die auf den einzelnen Pinnzetteln enthaltenen Informationen zusammen.
) Nenne Unterschiede und Gemeinsamkeiten der abgebildeten Großkatzen.

Q

) Informiere dich über die Gründe, warum die Zahl er in Freiheit lebenden Großkatzen zurückgeht.
) Bewerte den Einfluss der Menschen hierauf.

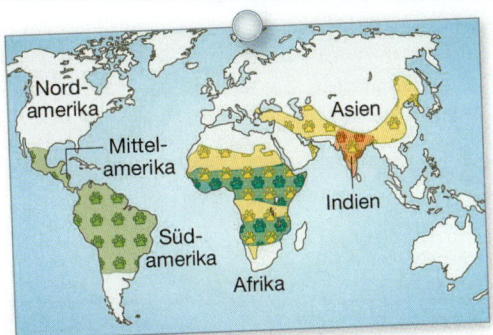

Leopard
kommt in Afrika und Südasien vor · hat dunkle Tupfer auf gelb-braunem Fell · Einzelgänger · jagt nachts · größter Baumkletterer unter den Katzen · kann senkrechte Baumstämme erklimmen und ruht oben oder verzehrt dort ungestört seine Beute

Jaguar
kommt hauptsächlich in dichten Regenwäldern Südamerikas vor, aber auch in Mittelamerika und im Süden der USA · größer und gedrungener als der Leopard, aber nicht so flink · hat dunkel geränderte Fellflecken, die am Bauch in dunkle Tupfer übergehen · klettert nicht gut · jagt allein am Boden · guter Schwimmer

Löwe
lebt in Familienverbänden · 5 – 9 Weibchen und 1 – 2 Männchen bilden ein Rudel · Weibchen jagen gemeinsam · das Männchen (mit Mähne) markiert das Revier mit Urin und verteidigt es durch lautes Brüllen · Löwen kommen fast nur noch in Afrika vor · kaum Feinde im Tierreich

Tiger
größte und schwerste aller Katzenarten · größere Vorkommen nur noch in einigen Gebieten Indiens · die Streifen dienen als Tarnmuster · schleicht sich als Einzeljäger an seine Opfer heran, da er flüchtenden Beutetiere nur kurze Strecken folgen kann · Tiger benötigen zum Überleben weite Reviere

Besuch auf einem Bauernhof

1. Futteranbauflächen
2. Fahrsilo (Futtervorrat)
3. Fressgang
4. Fressgitter
5. Futtertisch mit Grünfutter
6. Liegeboxen
7. Kraftfutterstation
8. Kälberstand
9. Melkstand
10. Milchkühltank
11. Güllesilo

1. Erläutere mithilfe der Abbildung oben, wie ein Milchviehbetrieb funktioniert.

2. Erkundige dich, zum Beispiel bei einem älteren Menschen, wie Bauernhöfe früher ausgesehen haben. Überlege dir dazu vorab mehrere Fragen, mache dir dann Notizen und berichte.

3. Erläutere die Aussagen des Diagramms unten.

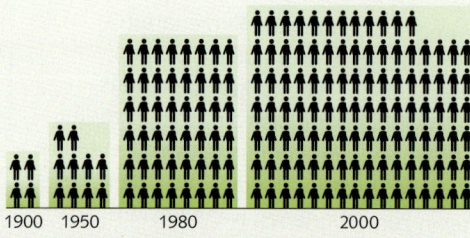

1 Anzahl der von einem Landwirt ernährten Personen

Landwirtschaft früher und heute

Früher diente die Landwirtschaft hauptsächlich der Selbstversorgung. Ein Landwirt ernährte nur wenige Personen, zuerst seine eigene Familie. Heute versorgt ein Landwirt über 145 Personen. Das geht nur mit spezialisierten Betrieben. Auf den Ackerflächen werden Getreide, Gemüse oder Obst angebaut. Andere Betriebe halten Nutztiere, zum Beispiel Schweine, Rinder oder Hühner.

Ökologische Landwirtschaft

Durch Züchtung und den Einsatz von Dünger und Pflanzenschutzmitteln wurden die Erträge deutlich gesteigert. Heute betreiben manche Betriebe ökologische Landwirtschaft und verzichten auf Pflanzenschutzmittel und Mineraldünger. Die Tiere werden mit Futter aus eigener Erzeugung gefüttert und haben Zugang zu einem Auslauf oder einer Weide. Das ist aufwändiger und macht die Produkte teurer.

> Früher diente die Landwirtschaft vor allem der Selbstversorgung. Heute versorgt ein Landwirt über 145 Personen. Maschinen, Dünger und Pflanzenschutzmittel erleichtern die Arbeit und steigern die Erträge.

Einen Lerngang planen

Bestimmte Dinge kann man am besten vor Ort untersuchen und in Erfahrung bringen. Dazu könnt ihr einen Lerngang unternehmen. Zum Thema Nutztiere bietet sich zum Beispiel ein Besuch auf einem Bauernhof an.

Bei der Auswahl des Ziels solltet ihr einen geeigneten Bauernhof aussuchen.

Erkundigt euch also vorab und plant mit der Klasse einen Lerngang zu einem landwirtschaftlichen Betrieb in eurer näheren Umgebung. Die folgenden Fragen helfen euch bei der Planung.

Wohin?
Welche Bauernhöfe in der näheren Umgebung oder in der Region eignen sich für eine Erkundung?

Wie?
Auf welchem Weg und mit welchem Verkehrsmittel erreicht ihr den Ort?
Wie lange dauert die Fahrt?
Wie hoch sind die Kosten?

METHODE

Wer?
Bildet Expertengruppen.
Wer stellt die Fragen?
Wer notiert die Ergebnisse?
Wer führt ein Untersuchungsprotokoll?
Wer bereitet die Ausrüstung vor?

Was?
Welche Fragen sollen beantwortet werden?
Wird dazu ein Interview geführt?
Wenn ja: Wer wird interviewt?
Wird eine Untersuchung durchgeführt?
Wenn ja: Was wird untersucht? Wie wird untersucht?

Wie werden die Antworten und Ergebnisse dokumentiert (Notizen, Fotos, Handyfilme, Zeichnungen, Tonaufzeichnungen, …)?

Welche Ausrüstung benötigt ihr für euren Lerngang (Handy, Kamera, Schreibzeug, Gummistiefel, …)?

Wie stellt ihr eure Ergebnisse anderen vor (Wandzeitung, Ausstellung, Artikel für die Schülerzeitung, …)?

Das Rind ist ein Pflanzenfresser

1 Rinderrassen: **A** Schwarzbunte, **B** Charolais

1. **A**

a) Vergleiche die beiden Rinderrassen in den Abbildungen 1 A und 1 B. Nenne Körpermerkmale, in denen sich die Rinder deutlich unterscheiden.
b) Schließe von den Unterschieden auf die Nutzung.

2. **A**

Jungtiere von Rindern sind Nestflüchter. Erkläre den Begriff. Nutze dazu auch die Abbildung 2.

3. **Q**

Für das Rind haben wir unterschiedliche Namen wie Kalb, Färse, Ochse, Kuh, Stier oder Bulle. Recherchiere die Bedeutung der unterschiedlichen Bezeichnungen. Berichte.

Vom Urrind zum Zuchtrind

Vor mehr als 6000 Jahren hat der Mensch Auerochsen gezähmt. Sie wurden zu Nutztieren. Diese Wildform ist inzwischen ausgestorben. Heute züchtet man **Rinderrassen** mit unterschiedlichen Eigenschaften.

In der Milchwirtschaft werden **Milchrinder** wie die Schwarzbunte bevorzugt. Dagegen setzen **Mastrinder** wie das Charolais-Rind besonders schnell und viel Fleisch an. Es gibt aber auch Rassen, die für beides geeignet sind, sogenannte **Zweinutzungsrinder** wie die Rotbunte.

Rinder sind Nestflüchter

Die Jungtiere von Rindern können bereits kurz nach der Geburt stehen. Bald laufen sie mit ihren Müttern über die Weideflächen. Sie sind **Nestflüchter.**

Rinder sind Pflanzenfresser

Da die Pflanzennahrung der Rinder vergleichsweise nährstoffarm ist, benötigen sie besonders große Mengen – bis zu 70 kg am Tag. Rinder haben ein typisches **Pflanzenfressergebiss.** Die

2 Rind mit Kalb

Backenzähne sind als breite Mahlzähne ausgebildet. Beim Fressen umfassen Rinder mit der Zunge ein Grasbüschel und drücken es mit den Schneidezähnen des Unterkiefers gegen die Hornleiste des Oberkiefers. Mit einem kurzen Ruck des Kopfes reißen sie das Grasbüschel dann ab.

Die Gebissform von Rindern unterscheidet sich deutlich von der eines Fleischfressergebisses oder der des Allesfressergebisses eines Schweins.

Rinder sind Wiederkäuer

Rinder schlucken ihre Nahrung unzerkaut. Sie gelangt zunächst in den **Pansen.** Hier werden die Pflanzen von Bakterien zersetzt. Aus dem Pansen gelangt die Nahrung in den **Netzmagen.** Von hier werden kleine Futtermengen

4. ≣ Ⓐ
Abbildung 3 A zeigt ein Rind, das auf der Weide liegt und wiederkäut. Beschreibe mithilfe der Abbildung 3 B und des Textes, wie Rinder Gras fressen.

5. ≣ Ⓐ
Beschreibe den Weg der Pflanzennahrung durch die Mägen des Rindes. Verwende dazu die Fachbegriffe aus dem Schema in Abbildung 4.

6. ≣ Ⓐ
a) Vergleiche die Gebissformen von Hausschwein (Abbildung 5 A) und Rind (Abbildung 5 B). Finde Unterschiede und Gemeinsamkeiten heraus.
b) Ziehe Rückschlüsse auf die jeweilige Ernährungsweise.

3 Rind: **A** wiederkäuend, **B** Zunge

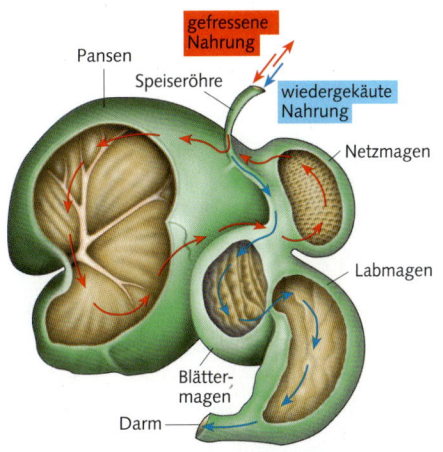

4 Weg der Nahrung durch die Mägen des Rindes

zurück ins Maul befördert. Sie werden dort mit Speichel vermischt und zwischen den großen Backenzähnen zermahlen. Ihre Oberflächen haben harte **Schmelzfalten** und wirken dadurch wie eine Reibe. Nach dem Grasen liegen die Rinder auf der Weide und kauen die Nahrung. Sie sind **Wiederkäuer.**

Anschließend kommt der Nahrungsbrei in den **Blättermagen.** Danach beginnt im **Labmagen** die eigentliche Verdauung. Dann gelangt der Nahrungsbrei in den etwa 50 m bis 60 m langen **Darm.** Dort wird die Nahrung zerlegt und die Nährstoffe werden ins Blut aufgenommen.

> Rinder sind Wiederkäuer. Der Wiederkäuermagen besteht aus Pansen, Netzmagen, Blättermagen und Labmagen. Breite Mahlzähne mit Schmelzfalten kennzeichnen das Pflanzenfressergebiss.

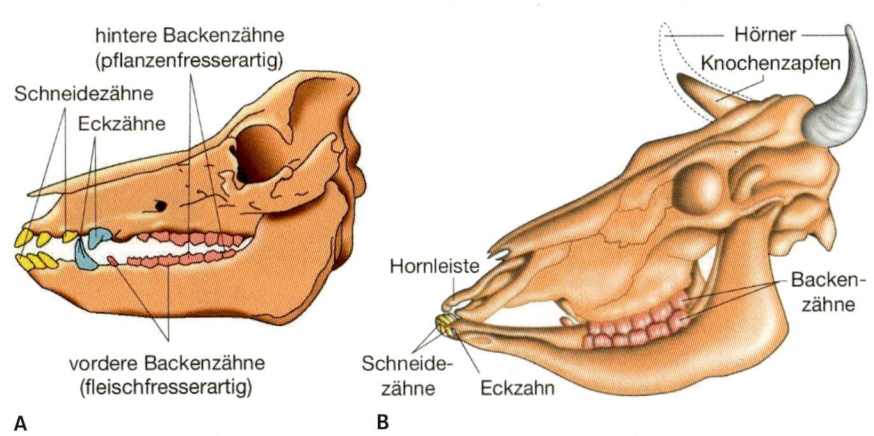

5 Gebisse: **A** Schwein, **B** Rind

Das Rind als Nutztier

> Wieso ist es nötig, dass eine Milchkuh ein Kalb bekommt?

> Welche Produkte werden aus Milch hergestellt?

Rezept Naturjoghurt

Zutaten
1 l H-Milch
1 Becher Naturjoghurt
6-8 Schraubdeckelgläser
1 Thermometer (mind. 50 °C)
1 Kochtopf
Heizplatte oder Herd
Thermobox

Erhitze die Milch auf etwa 37 °C. Gib in jedes Glas einen Löffel Naturjoghurt und fülle anschließend mit der erwärmten Milch auf. Stelle die Gläser für einen Tag in die Thermobox. Gekühlt schmeckt Joghurt am besten.

1. Ⓐ
Hilf den beiden Schülerinnen bei der Beantwortung ihrer Fragen.

2. Ⓐ Ⓝ
Beschreibe den Weg der Milch von der Kuh bis in den Supermarkt in Form eines kurzen Textes.

3. Ⓠ
Heute spricht man von sogenannten „Hochleistungskühen".
a) Informiere dich über die Entwicklung der Tagesproduktion einer Milchkuh in den letzten Jahren.
b) Nenne mögliche Folgen dieser Entwicklung.

4. Ⓥ
Probiert das Rezept aus und stellt euren eigenen Joghurt her.

5. Ⓠ Ⓝ
In einer Molkerei wird die Milch von Fachleuten zu unterschiedlichen Produkten verarbeitet. Informiere dich über Berufe in Molkereien. Berichte.

6. Ⓠ Ⓝ
Erstellt ein Plakat mit Abbildungen von Produkten, zu denen Rindfleisch verarbeitet wird. Ihr könnt euch an der Abbildung oben orientieren.

Horn
Knochen
Blut, Därme
Hornspäne für Balkon- und Gartenpflanzen
Dünger Horn- und Knochenmehl
FETT
Haut
Haare
Talg, Fett

7. Ⓐ
Begründe die Aussage: „Der Mensch verwertet fast alle Teile des Rindes". Nutze dazu die Abbildung rechts.

8. Ⓠ
Plant eine Ausstellung zum Thema „Nutzung des Rindes". Die Methode „Eine Ausstellung gestalten" (S. 89) kann euch helfen.

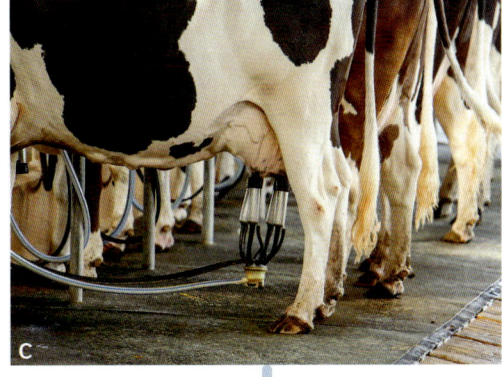

Rinder liefern Milch

Neugeborene Kälber ernähren sich in den ersten Wochen ausschließlich von der Milch der Mutterkühe. Auch für den Menschen ist Milch ein wichtiges Nahrungsmittel. Milch und Milchprodukte sind ein wertvoller Lieferant für Nährstoffe, Vitamine und Mineralstoffe.

Kühe geben nur Milch, wenn sie zuvor gekalbt haben. Sie produzieren über die Aufzucht der Kälber hinaus aber auch weiter Milch, wenn sie regelmäßig gemolken werden. Je weiter die Geburt eines Kalbs jedoch zurückliegt, desto weniger Milch wird im Euter gebildet. Heute übernehmen spezielle Maschinen das Melken der Kühe. Die Milch wird in einem Milchtank gelagert, bis sie von einem Tankwagen abgeholt und zur Molkerei transportiert wird. Da sie leicht verderblich ist, wird sie auf 4 °C heruntergekühlt.

Verarbeitung der Milch

In der Molkerei wird sie nach einer Prüfung kurz erhitzt und abgefüllt oder zu Butter, Joghurt, Käse, Quark und anderen Produkten weiterverarbeitet und in den Handel gebracht. Im Supermarkt stehen Milchprodukte meist im Kühlregal. H-Milch muss nicht gekühlt werden, da sie durch Ultrahocherhitzen haltbar gemacht wurde.

> Fast alle Teile des Rindes werden vom Menschen genutzt. Milch und Milchprodukte wie Käse, Joghurt, Quark und Butter sind wichtige Lieferanten für Nährstoffe, Vitamine und Mineralstoffe.

2 A–F Weg der Milchverarbeitung

Einen Sachtext auswählen, lesen und verstehen

METHODE

Die folgende Lesetechnik hilft dir dabei, einen Text zu verstehen und den Inhalt zu behalten.

❶ Überfliege zunächst den Text. Stelle fest, worum es in dem Text geht und was du bereits kennst.

❷ Lies den Text nun gründlich. Mache nach schwierigen Abschnitten eine kleine Pause und denke noch einmal über das Gelesene nach.

❸ Wenn du ein Arbeitsblatt zu bearbeiten hast, markiere wichtige Aussagen und Begriffe mit einem Textmarker. Hast du einen Text aus einem Buch vorliegen, schreibe wichtige Aussagen und Begriffe auf einen Notizzettel.

❹ Markiere Abschnitte oder Begriffe, die du nicht verstanden hast, mit einem Rotstift. Frage Mitschülerinnen und Mitschüler oder deine Lehrerin oder deinen Lehrer um Rat oder lies in einem Lexikon nach.

❺ Gehe deine Notizen noch einmal genau durch. Jetzt kannst du mit ihnen verschiedene Aufgaben erledigen wie Fragen beantworten, ein Plakat erstellen oder einen kurzen Vortrag halten.

1 Hausschwein beim Säugen

2 Wildschwein mit Frischlingen

Hausschwein und Wildschwein

Schweine sind Allesfresser. Das zeigt der Bau ihres Gebisses, denn ihre vorderen Backenzähne sind denen der Raubtiere ähnlich und die hinteren dienen dem Zermahlen von Pflanzenteilen. Auf der Weide durchwühlen sie mit ihrer rüsselartigen Nase den Boden, um Fressbares aufzuspüren. Sie ernähren sich von Wurzeln, Gras und Kleintieren. Die nach oben gerichteten Eckzähne, die Hauer, helfen ihnen dabei. Schweine wälzen sich gerne in schlammigen Pfützen, den Suhlen, und bedecken dabei ihre Haut mit Schlamm. Dadurch sind sie vor Insektenstichen geschützt. Die Sauen können bis zu 12 Ferkel pro Wurf bekommen. Die Ferkel werden in den ersten acht Wochen von der Mutter gesäugt und gehören somit zu den Säugetieren.

Die Hausschweine sind für die Ernährung des Menschen als Fleischlieferant wichtig. Daher werden sie häufig gezüchtet und gemästet.

Die Wildschweine aber, von denen unsere Hausschweine abstammen, halten sich gerne im Unterholz feuchter Laubwälder oder in dichten Nadelholzschonungen verborgen. Sie zeigen einen anderen Körperbau als die Hausschweine. Sie haben einen längeren Kopf, einen starken Rüssel und ein schwarzes Haarkleid.

1. 🇶 👁
a) Nimm einen Sachtext deiner Wahl über das Hausschaf. Achte bei deiner Textauswahl auf eine ernst zu nehmende Quelle und aussagekräftige Abbildungen.
b) Welche der folgenden Quellen sind ernst zu nehmen? Begründe: Fernsehzeitung · Fachbuch · Wikipediaeintrag · Eintrag in einem Blog.

TIPP
Achte darauf, nur zentrale Begriffe zu unterstreichen. Dein Notizzettel sollte übersichtlich bleiben.

c) Markiere die wichtigsten Begriffe und erstelle einen Notizzettel. Halte einen kurzen Vortrag.

Hausschwein und Wildschwein
- Allesfresser, sichtbar am Gebiss
- Nahrungssuche mit rüsselartiger Nase
- Nahrung: Wurzeln, Gras, Kleintiere
- suhlen sich
- Schlammkruste als Insektenschutz
- pro Sau bis zu 12 Ferkel
- Säugetier
- Hausschwein Fleischlieferant
- Hausschwein stammt vom Wildschwein ab
- Wildschwein in feuchten Laubwäldern, dichten Nadelholzschonungen
- Wildschwein: längerer Kopf, starker Rüssel, schwarzes Haarkleid

Eine Ausstellung gestalten

Als Abschluss eines Unterrichtsthemas, zum Beispiel über das Rind, könnt ihr eine Ausstellung gestalten. So zeigt ihr anderen, was ihr über dieses Thema herausgefunden habt.

Damit die Ausstellung möglichst interessant wird, müsst ihr folgende Punkte berücksichtigen:

- Zu welchem Thema möchten wir präsentieren?
- Welche Ausstellungsstücke möchten wir präsentieren?
- Wie können wir die Ausstellungsstücke ansprechend darstellen?

In einem weiteren Schritt macht ihr euch über die folgende Fragestellung Gedanken:

Was gehört in eine Ausstellung?

In eine Ausstellung gehören Bilder, Fotos, selbst geschriebene Texte, Zeichnungen und Modelle zum Ausstellungsthema, aber auch Naturmaterialien.
Bei dem Thema „Was liefern uns unsere Rinder?" eignen sich beispielsweise Milchprodukte, Fleischprodukte und Lederwaren.

Wie gehe ich beim Gestalten einer Ausstellung vor?

Wenn ihr das Thema der Ausstellung gefunden habt, entscheidet, an welchem Ort in der Schule ihr die Ausstellung präsentieren wollt, wie lange sie dauern soll und für wen sie sein soll.

- Sammelt möglichst viele Naturmaterialien. Diese sollten in einem guten Zustand sein.

- Sortiert die Materialien nach Bereichen, zum Beispiel Materialien aus dem Bereich Milchprodukte, Fleischprodukte, Lederwaren.

- Erstellt einen Plan, in dem ihr festlegt, wo welches Ausstellungsstück stehen soll.

- Beschriftet eure Ausstellungsobjekte und erstellt Plakate als Zusatzinformationen. Achtet durch die Wahl der Schriftfarbe und Schriftgröße darauf, dass man die Informationen gut lesen kann.

- Macht euch zu Experten eures Themas, damit ihr Fragen eurer Mitschülerinnen und Mitschüler beantworten könnt.

METHODE

1. Ⓐ
Gestaltet eine Ausstellung zu einem von euch gewähltem Thema aus dem Bereich "Menschen halten Tiere".

Pferde sind Herdentiere

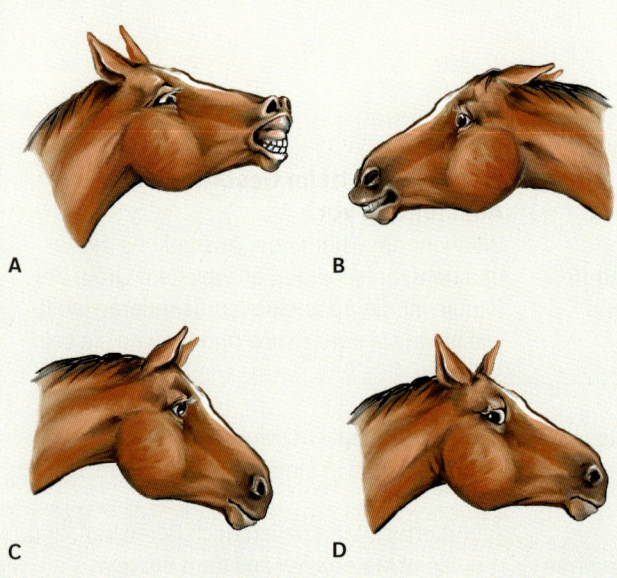

A

B

C

D

1. **A**

Erläutere am Beispiel der Pferde die besonderen Verhaltensweisen von Herdentieren.

2. **Q**

Wildpferde gibt es nur noch an einigen
wenigen Orten auf der Welt. Recherchiere,
wo noch Wildpferde vorkommen. Stelle
einige interessante Informationen zu
mindestens einem dieser Orte und den dort
lebenden Pferden zusammen, zum Beispiel
auf einem Plakat.

3. **A**

Die Abbildungen A bis D zeigen verschiedene Gesichts-
ausdrücke, mit denen sich Pferde in der Herde verständigen.
Ordne den Bildern die Begriffe Angst, Drohen, Neugier
und Flehmen (= Geruch wahrnehmen) zu. Begründe
deine Zuordnung.

4. **A**

a) Erkläre den Begriff "Zehenspitzengänger"
mithilfe der Abbildung des Pferdebeins.
b) Zeige in der Abbildung das Knie.

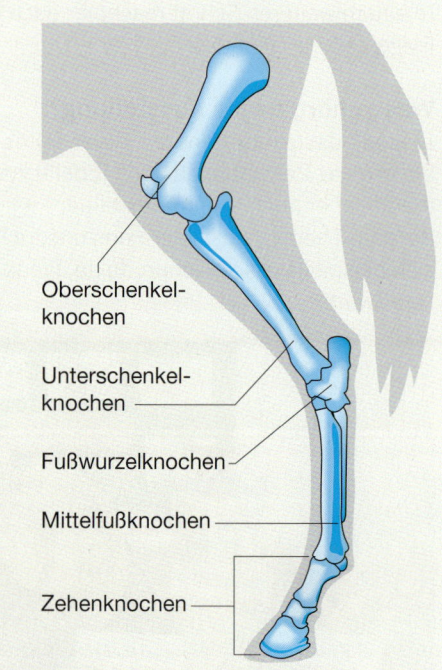

Oberschenkel-
knochen

Unterschenkel-
knochen

Fußwurzelknochen

Mittelfußknochen

Zehenknochen

1 Przewalski-Pferde in der Mongolei

Wildpferde

Zu den letzten völlig frei lebenden Pferden gehört das
Przewalski-Pferd. Es lebt vom Menschen fast unbeein-
flusst heute noch in Teilen Asiens. Przewalski-Pferde
werden daher auch Asiatische Wildpferde genannt.

Bei diesen wild oder halb wild lebenden Pferden kann man
gut die natürlichen Verhaltensweisen der Pferde beobachten. Auch in der Obhut des Menschen lebende Pferde
zeigen diese Verhaltensweisen teilweise.

Typische Verhaltensweisen von Pferden

Das Przewalski-Pferd lebt in **Familienverbänden,** in denen eine ausgeprägte **Rangordnung** besteht. Ein solcher Verband besteht meistens aus vier bis sechs weiblichen Tieren, den Stuten, einem männlichen Tier, dem **Leithengst,** und mehreren Jungtieren. Der Leithengst hält die Herde zusammen. Nur er darf die Stuten decken, muss seine Position aber immer wieder gegen jüngere Rivalen verteidigen. So kommt es oft zu Kämpfen, bei denen sich die Hengste auf den Hinterbeinen aufrichten und mit den Vorderhufen aufeinander einschlagen. Der Verlierer verlässt die Herde. Spätestens im dritten Lebensjahr werden Hengste aus der Herde vertrieben.
Geführt wird der Familienverband von einer **Leitstute,** dem ranghöchsten Tier. Diese meist ältere und erfahrene Stute führt die Herde zu neuen Weidegründen oder zu einer Wasserstelle.
Pferde sind **Fluchttiere,** die Auseinandersetzungen mit anderen Tieren möglichst vermeiden. Droht Gefahr, gibt die Leitstute ein kurzes Schnauben als Warnung von sich. Wird es ernst, flieht sie und alle Pferde der Herde folgen.
Pferde haben sehr lange Beine. Die Fußknochen sind stark verlängert. Nur die Zehenspitzen berühren den Boden, Pferde sind **Zehenspitzengänger.** Die Muskeln, die diese dünnen Beine bewegen, sitzen nahe am Körper und nicht im Bein. So sind sehr schnelle und doch große Schritte möglich und Pferde können schnell und ausdauernd laufen.

Verständigung in der Gruppe

Die Körpersprache der Tiere gibt Hinweise über ihr Befinden und ihre möglichen Absichten. Dies ist wichtig für den Zusammenhalt der Herde. Die Stellung der Ohren signalisiert zum Beispiel erhöhte Aufmerksamkeit, Unbehagen, Drohen, Neugier oder Furcht. Wenn ein Hengst die Oberlippe hochzieht und die Schneidezähne sichtbar werden, flehmt er. Der Hengst saugt dabei Luft ein und überprüft den Geruch einer Stute. So merkt er, ob die Stute paarungsbereit ist.
Genau wie Wildpferde sind auch die vom Menschen gehaltenen Pferde **Herdentiere.** Sie stehen oder laufen nach Möglichkeit immer zusammen. Sie pflegen gegenseitig ihr Fell, vor allem an Stellen, die sie selbst nicht erreichen. Dieses Verhalten dient auch der **Kontaktpflege.**

Ernährung der Pferde

Pferde sind Pflanzenfresser. Sie rupfen Gras mit den Schneidezähnen ab und zermahlen es vor dem Schlucken mit den Backenzähnen. Der Pferdemagen ist klein. Pferde müssen daher häufiger fressen. Auf der Weide bewegen sie sich bis zu 15 Stunden täglich, um Nahrung aufzunehmen.

2 Halb wild lebende Pferde

3 Hengste im Rivalenkampf

4 Gegenseitige Fellpflege

> Pferde sind Herdentiere mit typischen Verhaltensweisen. Sie sind Zehenspitzengänger und besitzen ein Pflanzenfressergebiss.

Menschen halten Pferde

1.

Man unterscheidet bei Pferden die Gangarten Galopp, Trab und Schritt. Vergleiche die Abbildungen A, B und C und ordne die jeweilige Gangart zu. Begründe deine Zuordnung mithilfe des Informationstextes.

2.

Erläutere die Begriffe Kaltblut, Warmblut und Vollblut und nenne Beispiele dafür, wie wir Menschen diese Pferde jeweils nutzen.

3.

Gestaltet Plakate zu den unterschiedlichen Aspekten der Pferdenutzung, zum Beispiel Pferde als Arbeitstier früher und heute, Pferde im Sport, besondere Rassen und ihrer Verwendung. Nutzt die Informationen dieser und der vorherigen Seiten und recherchiert zusätzliche Informationen.

Arbeitspferde

Hast du schon einmal Pferde beobachtet, die Kutschen ziehen? Hierbei handelt es sich oft um die besonders kräftigen und ruhigen **Kaltblüter.** Mit dem Begriff soll das ruhige Temperament zum Ausdruck gebracht werden. Kaltblüter werden als Arbeitspferde zum Ziehen von Kutschen oder anderen schweren Lasten genutzt.

Im Wald ziehen Rückepferde Baumstämme über Wege, die für Traktoren zu eng oder zu steil sind.

Sportpferde

Meist werden Pferde heute jedoch als Freizeittiere und im Pferdesport genutzt. Es wurden zahlreiche Rassen gezüchtet, die den unterschiedlichen Ansprüchen an Reit-, Spring- oder Dressurpferde gerecht werden. Diese Pferde sind vorwiegend **Warmblüter.** Sie sind deutlich temperamentvoller und gleichzeitig weniger stämmig als Kaltblüter. Zu den Warmblütern gehören Rassen wie Westfalen, Hannoveraner, Trakehner oder Oldenburger. Beim Galopprennen oder im Trabrennsport werden dagegen **Vollblüter** wie Araber eingesetzt. Sie sind sehr temperamentvoll, zeichnen sich durch Schnelligkeit und Wendigkeit aus und haben eine besonders gute Kondition.

Vom Temperament abhängig

Die Begriffe Kalt-, Warm- und Vollblut beziehen sich nur auf das Temperament der Pferde. Die Temperatur des Blutes ist bei allen gleich, denn Pferde sind Säugetiere.

1 Nutzung von Pferden: **A** Rückepferd (Kaltblut), **B** Springpferd (Warmblut), **C** Rennpferd (Vollblut)

> Früher nutzte man Pferde als Arbeitstiere, heute vorwiegend bei Freizeit und Sport. Kaltblüter, Warmblüter und Vollblüter unterscheiden sich in Körperbau und Temperament.

Rudel- und Herdentiere

Aus dem Biologielexikon:

Herde: Eine Ansammlung von größeren Säugetieren wie Pferden, Zebras, Gnus, Büffeln, Moschusochsen, die meist Pflanzenfresser sind.

Rudel (Jägersprache): Eine Herde von Säugetieren, die meist Fleischfresser sind und sich untereinander gut kennen. Bsp.: Wölfe, Löwen, aber auch Hirsche.

Moschusochsen

Am Rande des Nordpols leben die Moschusochsen. Im Winter bilden sie Herden, die aus über 100 Tieren bestehen können. Werden sie, z. B. von Wölfen, angegriffen, so bilden sie eine geschlossene Reihe oder einen Kreis und stellen sich dem Feind.

Wölfe

Wölfe leben in Familienverbänden von meistens 7 – 12 Tieren. Alle Wölfe kennen sich untereinander. Im Rudel gibt es eine Rangordnung. An der Spitze steht der Leitwolf, gefolgt von seiner Partnerin. Es folgen die Jungtiere verschiedenen Alters. Durch gemeinsame Jagd können sie auch größere Herdentiere wie Hirsche oder Rentiere überwältigen.

Delfine

Bei Meeressäugern wie den Delfinen wird das Rudel als Schule bezeichnet. Mit Klicklauten, Schnattern und Pfeiftönen sowie Echoortung können sie sich untereinander verständigen und ihre Umwelt wahrnehmen. Bei der gemeinsamen Jagd auf Fischschwärme können sich kleinere Schulen zu Ansammlungen von über 1000 Tieren zusammenfinden.

1.
Informiere dich im Internet, wie die Rangordnung im Wolfsrudel geregelt ist. Halte darüber einen kurzen Vortrag.

2.
Begründe warum in Gruppen lebende Säugetiere in der kalten Jahreszeit Vorteile haben.

3.
In Afrika gibt es gemischte Herden aus Zebras, Gnus und Straußen. Aus welchem Grund könnten sie sich zusammenschließen?

Fledermäuse

Bei den Fledermäusen spricht man von Schwärmen oder Kolonien. In ihren Unterschlüpfen suchen die einzelnen Tiere engen Körperkontakt. Verlässt eine Fledermaus den Unterschlupf zum Jagen, folgen ihr andere. Die Größe einer Gruppe variiert zwischen einigen wenigen bis zu Tausenden.

Tiere brauchen Schutz

1 Hausschweine in Freilandhaltung

1. ☰ Ⓐ
a) Beschreibe natürliche Verhaltensweisen von Hausschweinen.
b) Beschreibe und vergleiche mithilfe der Abbildungen und des Textes die Freilandhaltung (Bild 1) und die Stallhaltung (Bild 4) von Hausschweinen.
c) Beurteile, welche Haltungsform eher den natürlichen Bedürfnissen von Hausschweinen entspricht.
d) „Ich kaufe grundsätzlich Fleisch nur dort, wo es am billigsten ist." Nehmt Stellung zu dieser Aussage.

2. ☰ Ⓠ
a) Informiere dich über Haushühner und beschreibe deren natürliches Verhalten.
b) Recherchiere die unterschiedlichen Haltungsformen von Hühnern. Bewerte, inwieweit sie dort ihr natürliches Verhalten ausleben können.
c) Die Hühnerhaltung in Einzelkäfigen ist in Europa inzwischen verboten. Nenne Gründe, die für dieses Verbot sprechen.

3. ☰ Ⓐ
a) Benenne mithilfe der Abbildung 3 die Informationen, die man dem Stempel auf Eiern entnehmen kann.
b) Nenne Vorteile, die du als Verbraucher dadurch hast.

2 Hühnerhaltung: **A** Freilandhaltung, **B** Kleingruppenhaltung (Käfighaltung), **C** Bodenhaltung, **D** ökologische Haltung

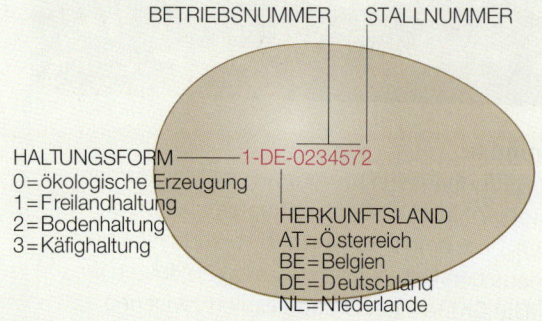

BETRIEBSNUMMER   STALLNUMMER

HALTUNGSFORM ——— 1-DE-0234572
0 = ökologische Erzeugung
1 = Freilandhaltung
2 = Bodenhaltung   HERKUNFTSLAND
3 = Käfighaltung   AT = Österreich
                          BE = Belgien
                          DE = Deutschland
                          NL = Niederlande

3 Eiercode

4. ☰ Ⓠ
a) Informiere dich in Supermärkten oder auf dem Wochenmarkt, aus welchen Haltungsformen und Herkunftsländern die Eier kommen. Notiere auch die Preise der angebotenen Eier.
b) Erkläre die Preisunterschiede für Eier aus den unterschiedlichen Haltungsformen.
c) Erläutere, wie du als Verbraucher Einfluss auf die Haltungsform von Hühnern nehmen kannst.

Hausschweine haben Bedürfnisse

Hausschweine leben wie ihre wilden Artgenossen, die Wildschweine, in Familienverbänden. Sie sind **Allesfresser** und ernähren sich sowohl von Pflanzen als auch von kleineren Bodentieren und Aas.

Bei Hausschweinen in der **Freilandhaltung** kannst du beobachten, dass sie in Gruppen über die Weide ziehen und mit ihrer Schnauze in der Erde nach Nahrung wühlen. Sie suhlen sich gern im Schlammbad, um sich abzukühlen. Ist der Schlamm getrocknet, suchen sie nach geeigneten Scheuermöglichkeiten. Das Scheuern entfernt Schlamm und lästiges Ungeziefer. Schweine sind dennoch sehr saubere Tiere. In Freilandhaltung können Schweine ihr natürliches Verhalten zeigen.

Hausschweine in Mastbetrieben

Für Schweinemastbetriebe spielen neben dem Tierwohl auch andere Aspekte eine wichtige Rolle. Zur Verbesserung der Hygiene und der Arbeitsabläufe, aber auch um Kosten einzusparen, werden die Tiere in Ställen und dort in Buchten gehalten. **Mastschweine** sind so gezüchtet, dass sie relativ schnell viel Fleisch ansetzen. Nach einem halben Jahr im Mastbetrieb wiegen sie durchschnittlich 110 kg und haben sie ihr Schlachtgewicht erreicht. Sie werden mit Viehtransportern zu einem Schlachthof transportiert.

Transporte werden auch aus anderen Gründen durchgeführt. Aufgrund der Spezialisierung ist es häufig so, dass ein Betrieb die Ferkel erzeugt und ein anderer Betrieb diese dann mästet. Deshalb werden z. B. 30 kg schwere Ferkel vom Ferkelerzeugerbetrieb zum Mäster transportiert. Für diese Transporte gibt es gesetzliche Vorschriften.

Tiere brauchen Schutz

Die artgerechte Tierhaltung wird durch das **Tierschutzgesetz** geregelt. Es gilt nicht nur für Haustiere, sondern auch für alle Nutztiere, die in Zucht- oder Mastbetrieben gehalten werden.

4 Schweinebuchten

Der Mensch trägt Verantwortung

Beim Einkaufen solltest du beachten: Siegel wie z. B. die Geprüfte Qualität aus Bayern weisen darauf hin, das die Ferkel in Bayern geboren wurden und die Tiere in Bayern gemästet und geschlachtet wurden.

> Die Bedingungen für eine artgerechte Tierhaltung sind im Tierschutzgesetz festgelegt. Die Tierhaltung hat Einfluss auf die Qualität und den Preis der Fleischprodukte.

§ 2 Tierhaltung

Wer ein Tier hält, betreut oder zu betreuen hat,

1 muss das Tier seiner Art und seinen Bedürfnissen entsprechend angemessen ernähren, pflegen und verhaltensgerecht unterbringen,

2 darf die Möglichkeit des Tieres zu artgemäßer Bewegung nicht so einschränken, dass ihm Schmerzen oder vermeidbare Leiden oder Schäden zugefügt werden,

3 muss über die für eine angemessene Ernährung, Pflege und verhaltensgerechte Unterbringung des Tieres erforderlichen Kenntnisse und Fähigkeiten verfügen.

(Auszug aus dem Tierschutzgesetz)

Pflanzen betrachten und untersuchen

1. Grabt zwei Pflanzen einer häufig vorkommenden Art aus. Nehmt sie mit ins Klassenzimmer und vergleicht sie miteinander.

2.
a) Zeichne eine Pflanze oder den Klatschmohn sorgfältig ab und beschrifte die einzelnen Teile mithilfe des Textes.
b) Schreibe zu jedem Teil die Funktion für die Pflanze auf.

3. Sprossachse, Laubblätter und Wurzeln werden als Pflanzenorgane bezeichnet. Beschreibe, wie sie zusammenarbeiten müssen, damit die Pflanze Nährstoffe herstellen kann.

4. Entwickelt einen Versuch, mit dem ihr zeigen könnt, dass Pflanzen in ihrem Stängel Wasser nach oben zu den Blättern und Blüten leiten.

5.
a) Baut den Versuch unten auf, mit dem ihr nachweisen könnt, dass Pflanzen Wasser verdunsten. Beobachtet und notiert die Wasserstände in den Gläschen nach einem Tag. Erklärt eure Beobachtungen.
b) Ordnet eurer Vorgehensweise die Phasen der Erkenntnisgewinnung zu: Frage, Vermutung, Versuchsplanung, Versuchsdurchführung, Auswertung

Öl

Wasser

1 Klatschmohn

Sprossachse, Laubblätter, Blüten und Wurzeln sind die Organe der Pflanze. Sie erfüllen verschiedene Aufgaben, damit die Pflanze als Ganzes leben kann..

Spross

Alle oberirdischen Teile der Pflanzen bilden den **Spross.** Er besteht aus der **Sprossachse,** den Laubblättern und – in der Blütezeit – den **Blüten**, aus denen sich später Früchte und Samen entwickeln. Ist der gesamte Spross grün, wird die Pflanze als **krautige Pflanze** bezeichnet. Ist er verholzt, bezeichnet man die Pflanze als **Baum.** Pflanzen, deren Spross sich kurz über dem Boden in mehrere verholzte Seitenstämme verzweigt, sind **Sträucher.**
In der Sprossachse verlaufen die Leitungsbahnen, in denen Wasser, Mineralstoffe und Nährstoffe transportiert werden. Außerdem stützt sie die Pflanze.

Laubblätter

In den **Laubblättern** verzweigen sich die Leitungsbahnen und man kann sie meist deutlich als Blattadern sehen. An den Blattunterseiten befinden sich winzige Öffnungen, die Spaltöffnungen. Durch sie verdunstet Wasser. Mithilfe von Sonnenlicht, Wasser aus dem Boden und Kohlenstoffdioxid aus der Luft stellt die Pflanze in den grünen Blättern Nährstoffe her, die sie zum Wachsen benötigt. Dabei entsteht Sauerstoff, den alle Lebewesen zum Atmen brauchen.

Wurzel

Die Wurzel besteht aus einer Hauptwurzel und vielen Nebenwurzeln mit feinen Wurzelhaaren.. Durch die Wurzel ist die Pflanze im Boden verankert. Über die Wurzelhaare nimmt sie Wasser und Mineralstoffe auf. Diese werden über Leitungsbahnen in alle Teile der Pflanze transportiert.

Untersuchungen mit der Lupe

Lupen vergrößern

Nicht immer kannst du Teile von Pflanzen oder Einzelheiten kleiner Tiere genau erkennen. Eine Lupe hilft dir dann weiter. Mit einer guten Lupe kann man bis zu 10-fach vergrößern und dadurch Einzelheiten besser erkennen.

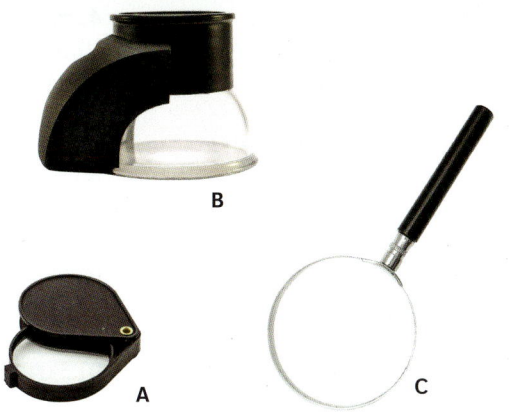

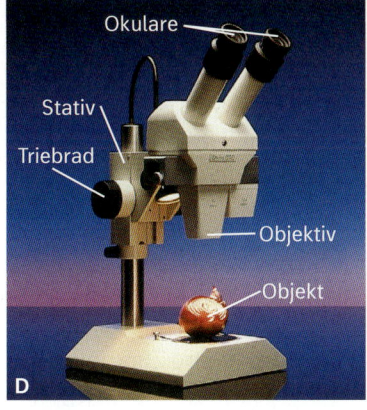

1 Lupentypen: **A** Einschlaglupe, **B** Becherlupe, **C** Stiellupe , **D** Stereolupe

Verschiedene Lupentypen

Verschiedene Lupen eignen sich für bestimmte Zwecke besonders gut. Die kleinen **Einschlaglupen** vergrößern relativ stark und lassen sich auch beim Arbeiten im Freiland mitnehmen. Die großen **Stiellupen** sind meist schwächer, haben aber ein größeres Gesichtsfeld. In einer **Becherlupe** kann man kleine, bewegliche Tiere in Ruhe betrachten. Befindet sich am Boden der Becherlupe eine Zentimeterskala, kann man die Größe der Objekte abschätzen.

Eine **Stereolupe,** auch Binokular genannt, ist ein größeres und teureres Laborgerät. Sie vergrößert etwa 20- bis 40-fach und macht so noch feinere Strukturen sichtbar. Man kann mit beiden Augen hineinschauen und erhält ein räumliches Bild.

Umgang mit einer Lupe
1. Schließe beim Betrachten des Objektes ein Auge und blicke mit dem offenen Auge durch die Lupe.
2. Verändere langsam den Abstand zwischen Lupe und Objekt, bis du das Objekt gut erkennen kannst.

Umgang mit einer Stereolupe
1. Lege das Objekt, das du untersuchen möchtest, in eine flache Glas- oder Kunststoffschale.
2. Passe den Abstand der beiden Okulare deinem Augenabstand an.
3. Drehe das Objektiv mit dem Triebrad zunächst so weit nach unten, bis es etwa 1 cm über dem Objekt ist.
4. Blicke durch beide Okulare und drehe während des Betrachtens das Objektiv so lange langsam nach oben, bis du das Objekt scharf siehst.

Hilfsmittel beim Untersuchen

Um ein Objekt genauer untersuchen zu können, musst du es oft erst auseinanderzupfen oder einen Quer- oder Längsschnitt anfertigen. Zum Herstellen solcher Präparate eignet sich ein Präparierbesteck. Es enthält z. B. eine Pinzette, ein Messer, eine Schere, eine Präpariernadel, eine einseitig abgeklebte Rasierklinge und eine Präparierwanne, die als Unterlage dient.

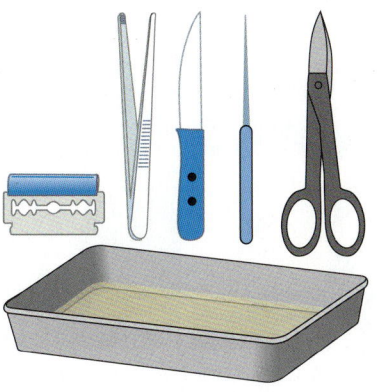

3 Präparierbesteck und Präparierwanne

1. ≡ Ⓥ
Zerlege die Blüten einiger Pflanzen mit der Pinzette und untersuche die Einzelteile mit unterschiedlichen Lupen.

2. ≡ Ⓥ
Untersuche die Teile auch mit der Stereolupe und fertige Sachzeichnungen an.

METHODE

Vielfalt der Pflanzen

1.
a) Sammelt auf einer Wiese oder am Wegrand blühende Wildkräuter.
b) Betrachtet die Blüten, auch mit einer Lupe. Vergleicht die Blüten.
c) Ordnet eure Pflanzen in mehrere Gruppen und begründet, warum ihr sie so sortiert habt.
d) Vergleicht eure Zuordnungen mit denen anderer Arbeitsgruppen. Diskutiert Vor- und Nachteile der gewählten Ordnungskriterien.

2.
Untersuche einige Blüten genauer. Gib, wenn möglich, Folgendes an:
• Blüten einzeln oder zu mehreren in Blütenständen
• Blütenaufbau
• Blütenblätter frei oder zusammengewachsen
• Blütenfarbe und Blütengröße, Besonderheiten

3.
Bestimme die Familien der Pflanzen in Abb. 1 mithilfe des Bestimmungsschlüssels.

4.
Unternehmt einen Unterrichtsgang auf eine schulnahe Wiese. Material: Lupen, unliniertes Papier, Bleistift, Farbstifte, Radiergummi, Klemmbrett/Unterlage, Schulbuch, Bestimmungsbuch
a) Sucht eine Pflanze mit wechselständiger, eine mit gegenständiger und eine mit grundständiger Blattstellung.
b) Skizziert eine der gesammelten Pflanzen unter Zuhilfenahme einer Lupe.
c) Mithilfe des Bestimmungsbuches könnt ihr nun den Namen eurer Pflanze bestimmten.

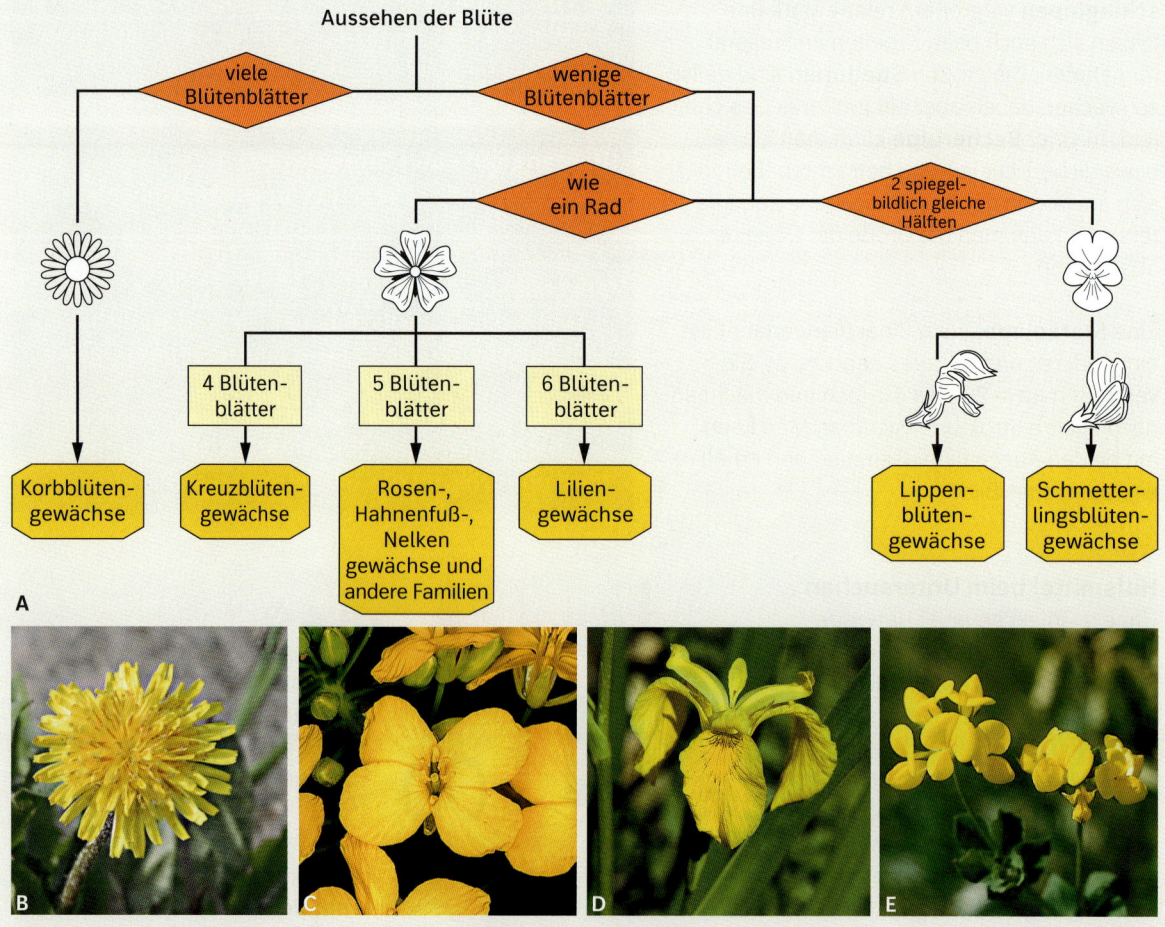

1 Bestimmungsschlüssel (**A**) und Blüten: **B** Löwenzahn, **C** Raps, **D** Schwertlilie, **E** Hornklee

2 Blumenstrauß mit vielen Blüten: **A** Große Sternmiere, **B** Rote Lichtnelke, **C** Kriechender Günsel, **D** Wald-Erdbeere, **E** Kriechender Hahnenfuß, **F** Löwenzahn (Blütenstand: Körbchen), **G** Platterbse, **H** Gamander-Ehrenpreis

Blütenvielfalt

Ein Blumenstrauß von einer Wiese enthält viele Pflanzenarten. Die Blüten haben verschiedene Farben und Formen. Betrachtet man sie näher, erkennt man aber auch Ähnlichkeiten. So haben in Abbildung 2 Sternmiere (**A**) und Lichtnelke (**B**) fünf, jeweils tief gespaltene Blütenblätter. Sie unterscheiden sich deutlich von den anderen Blüten.

Vielfalt ordnen

Blüten zeigen wichtige Merkmale, nach denen man Pflanzen ordnen kann. Damit und durch andere Merkmale haben **Botaniker** – das sind Biologen, die sich mit den Pflanzen befassen – versucht, Ordnung in die Vielfalt zu bringen. Wie Abbildung 3 zeigt, spielt dabei auch eine Rolle, ob es sich um eine Einzelblüte oder um einen Blütenstand handelt, der aus vielen Blüten besteht. Auch die Form und Anordnung der Blätter sind wichtige Unterscheidungsmerkmale.

Botaniker haben Pflanzen, die sich nach diesen Unterscheidungsmerkmalen ähneln, zu **Pflanzenfamilien** zusammengefasst. So gehören Sternmiere und Lichtnelke zur Familie der Nelkengewächse.

> Blühende Pflanzen lassen sich durch verschiedene Kriterien wie Blütenaufbau, Blütenstand, Verwachsung der Blütenblätter und Blattstellung unterscheiden.

wie ein Rad

2 spiegelbildlich gleiche Hälften

A Blütenaufbau

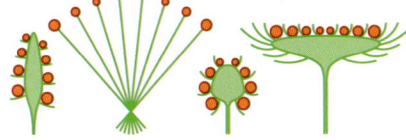

Traube   Ähre   Kolben   Dolde   Köpfchen   Körbchen

B Blütenstände

einzeln abzupfbar   hier: Kelch bildend

frei   verwachsen

C Verwachsungen der Blütenblätter

wechsel-   gegen-   quirl-   grund-
ständig   ständig ständig ständig

D Blattstellungen

3 Merkmale zum Ordnen von Blütenpflanzen

Die Familie der Kreuzblütengewächse

1. ≣ A

a) Benenne die Pflanzenorgane der links abgebildeten Rapspflanze.

b) Gib zu jedem Pflanzenorgan mindestens eine Funktion an.

c) Beschreibe die Blüte genau.

2. ≣ A

Erkläre, woher die Kreuzblütengewächse ihren Namen haben.

3. ≣ V

a) Betrachte eine Kreuzblüte mit der Lupe. Zergliedere anschließend die Blüte und ordne die Teile als Legebild an.

b) Zähle die einzelnen Blütenteile und notiere jeweils die Anzahl.

4. ≣ A

Zeichne eine Kreuzblüte so, wie du sie von oben siehst. Benenne die verschiedenen Teile der Blüte und gib die jeweilige Anzahl an. Nutze auch den Informationstext.

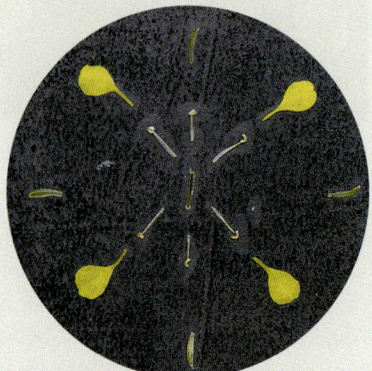

2 Legebild einer Kreuzblüte (Raps)

1 Rapspflanze

5. ≣ Q

Informiere dich im Buch und im Internet über die Verwendung von Kreuzblütengewächsen als Nutzpflanzen. Erstelle dazu eine Tabelle.

Pflanze	Nutzen
Raps	

6. ≣ V 🖱

a) Untersuche eine reife Rapsschote. Zeichne und beschrifte die einzelnen Teile.

b) Entnimm der Schote einige Samen und drücke diese kräftig auf Filterpapier. Halte das Filterpapier nach etwa drei Minuten gegen das Licht. Notiere deine Beobachtung.

c) Begründe die Bedeutung des Rapses als Nutzpflanze mit deiner Beobachtung.

3 Versuch mit Rapssamen

HINWEIS
Hinterlässt ein Stoff einen Fleck auf Filterpapier, der auch nach einigen Minuten nicht verschwindet, so handelt es sich um Fett.

Die Kreuzblütengewächse

Pflanzen, die sich in Unterscheidungsmerkmalen, wie Bau der Blüte und Früchte oder der Anordnung der Blätter ähneln, werden zu Pflanzenfamilien zusammengefasst.
Eine solche Familie sind die **Kreuzblütengewächse.** Sie werden so aufgrund der Anordnung der Blütenblätter zu einem Kreuz bezeichnet.

Blütenbau

Untersuchen wir einen Vertreter der Kreuzblütengewächse, den Raps, so fallen als erstes die vier leuchtend gelben **Kronblätter** auf, die ein Kreuz bilden. Solange die Blüte noch geschlossen ist, werden diese von vier grünlich-gelben **Kelchblättern** umschlossen. Diese stehen nach dem Öffnen versetzt zu den Kronblättern. Im Inneren der Blüte sind sechs **Staubblätter,** vier längere und zwei kürzere. Viele Einzelblüten bilden eine Traube.

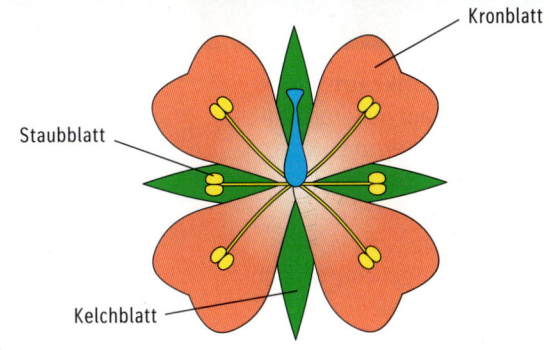

4 Kreuzblüten: **A** Wiesenschaumkraut, **B** Hirtentäschel, **C** Schema einer Kreuzblüte

5 Laubblätter: **A** wechselständig, **B** Blattrosette

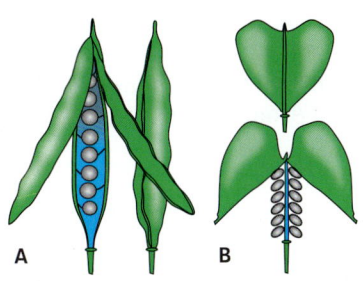

6 Früchte: **A** Schote, **B** Schötchen

Spross mit Laubblättern

Ein weiteres Merkmal der hier abgebildeten Pflanzen sind die wechselständig angeordneten Laubblätter. Oft bilden die unteren Blätter eine Blattrosette. Die Sprossachse ist krautig.

Früchte

Die **Früchte** der Kreuzblütengewächse bestehen aus zwei Fruchtwänden und einer Mittelwand, an der die **Samen** sitzen. Früchte des Rapses heißen **Schoten.** Sie sind etwa dreimal so lang wie breit. Andere Kreuzblütengewächse, wie z.B. das Hirtentäschel, haben kürzere **Schötchen.**

Vielfalt und Bedeutung

In dieser Pflanzenfamilie finden wir sowohl **Wild-** als auch **Nutzpflanzen.** Viele Wildpflanzen, zum Beispiel das Wiesenschaumkraut, wachsen auf Wiesen, Äckern oder an Wegrändern. Alle Kohlsorten wie Blumenkohl oder Brokkoli, aber auch Radieschen und Rettiche, gehören zu dieser Familie. Eine weitere wichtige Nutzpflanze ist der Raps, aus dessen Samen man Öl gewinnt. Es wird als Speiseöl verwendet oder zu **Biodiesel** verarbeitet. Es ist umstritten, wie umweltfreundlich dieser Kraftstoff ist.

> Kreuzblütengewächse haben charakteristische Merkmale, wie kreuzweise angeordnete Blütenbestandteile und Schotenfrüchte. Ihre Sprossachse ist krautig und die Blätter wechselständig. Bekannte Vertreter sind der Raps, das Wiesenschaumkraut und das Hirtentäschelkraut.

Kreuzblütengewächse

Wiesenschaumkraut
Vorkommen: auf mineralstoffreichen Feuchtwiesen in Europa, Nordasien und Nordamerika
Merkmale: bis 55 cm hohe, krautige Pflanze · zart violette Blütentrauben · gefiederte Laubblätter, am Stängelgrund als Rosette, am Stängel wechselseitig verteilt · dünne Schoten als Früchte
Blütezeit: Ende April bis Mitte Mai
Bedeutung: als Tee gegen Rheuma · einzige Nahrungspflanze für den Aurorafalter

Acker-Hellerkraut
Vorkommen: auf Äckern und Schuttplätzen · weit verbreitet
Merkmale: bis 40 cm hohe, krautige Pflanze · weiße, reichblütige Traube · Blätter pfeilförmig stängelumfassend · riecht nach Knoblauch · Früchte sind Schötchen
Blütezeit: April bis Juni, mitunter auch bis September
Bedeutung: Wildkraut auf Äckern

Gewöhnliche Nachtviole
Vorkommen: ursprünglich in Flussauen, heute in Gärten · aus Westasien
Merkmale: bis 80 cm hohe, krautige Pflanze · kräftig violette Blütentrauben, angenehm duftend · eiförmige gezähnte Laubblätter · Früchte sind Schoten
Blütezeit: April bis Juli
Bedeutung: Zierpflanze

Weißer Senf
Vorkommen: Anbau auf humusreichen, kalkhaltigen Böden
Merkmale: bis 120 cm hohe, krautige Pflanze · gelbe Blütentraube · gezähnte und rauh behaarte Laubblätter · verzweigter Stängel · waagerecht abstehende Schoten mit flachgedrücktem Schnabel
Blütezeit: Juni bis Juli
Bedeutung: Gewürzpflanze zur Herstellung von Speisesenf

1. **A**
a) Ordnet die hier abgebildeten Pflanzen nach Wild- und Nutzpflanzen.
b) Notiere Verwendungsmöglichkeiten der Kräuter.

2. **A**
Nutzt die Informationen auf den Steckbriefen und erstelle einen eigenen Bestimmungsschlüssel, um die vier Arten zu unterscheiden.

3. **Q**
a) Besucht einen Supermarkt und notiert alle Kohlsorten, die ausliegen. Notiert auch die Herkunftsländer der Waren.
b) Beurteilt die angebotenen Kohlsorten im Hinblick auf Umweltfreundlichkeit. Zur Bewertung könnt ihr die Transportwege und die Frage nutzen, ob das Gemüse gerade "Saison" hat. Sucht dazu im Internet einen "Saisonkalender" für Gemüse.

Kreuzblütengewächse bestimmen

Bestimmungsschlüssel

Um den Namen einer Pflanze zu bestimmen, benötigst du einen **Bestimmungsschlüssel.** Dieser enthält Abbildungen und Beschreibungen der besonderen Merkmale von Pflanzen, zum Beispiel Blütenfarbe oder Form der Früchte.

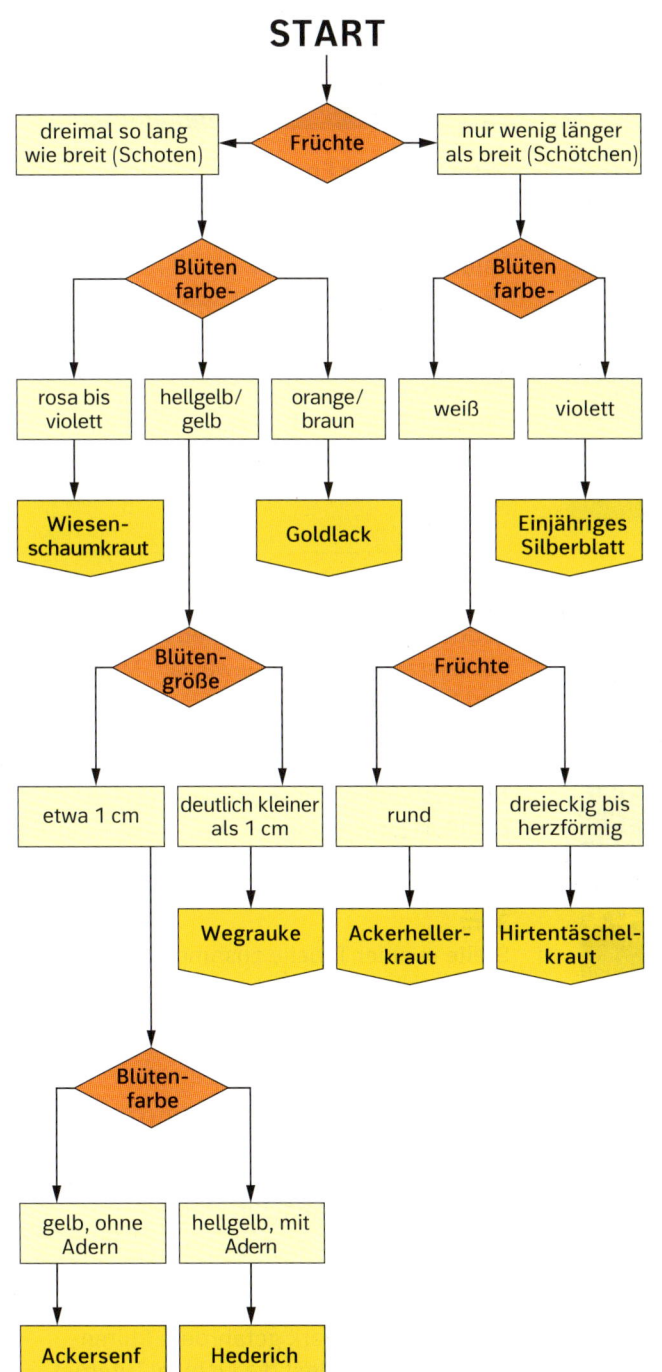

START

Früchte
- dreimal so lang wie breit (Schoten)
- nur wenig länger als breit (Schötchen)

Blüten farbe-
- rosa bis violett → **Wiesen-schaumkraut**
- hellgelb/gelb
- orange/braun → **Goldlack**

Blüten farbe-
- weiß
- violett → **Einjähriges Silberblatt**

Blüten-größe
- etwa 1 cm
- deutlich kleiner als 1 cm → **Wegrauke**

Früchte
- rund → **Ackerheller-kraut**
- dreieckig bis herzförmig → **Hirtentäschel-kraut**

Blüten-farbe
- gelb, ohne Adern → **Ackersenf**
- hellgelb, mit Adern → **Hederich**

Frucht

A

Frucht

B

Frucht

C

Frucht

D

1. ≣ Ⓐ
Bestimme mithilfe des Bestimmungs-schlüssels den Namen dieser 4 Pflanzen

Vielfalt der bayerischen Pflanzenwelt

Unterschiedliche Lebensräume

In Bayern gibt es verschiedene Lebensräume, die sich z. B. in Bezug auf Temperatur, Licht- und Wassermenge und Bodenbeschaffenheit stark unterscheiden.

So sind im Lebensraum **Gebirge** die Sommer kurz, die Sonneneinstrahlung ist hoch und viele Monate im Jahr ist es kalt.

Im **Laubwald** haben es besonders die Pflanzen schwer, die niedriger sind als die Laubbäume, denn sie bekommen durch das dichte Blätterdach im Sommer kaum Licht.

Im Lebensraum **Gewässer** sind die Pflanzen den Wellenbewegungen des Wassers und auch dem Regen und Wind ohne Schutz ausgesetzt. Untergetauchte Pflanzen müssen alle lebensnotwendigen Stoffe aus dem Wasser gewinnen.

Ein besonderer Lebensraum ist das **Hochmoor.** Hier gibt es starke Temperatuschwankungen, es ist sehr feucht und der Boden ist ausgesprochen mineralstoffarm.

Stängelloser Enzian

Merkmale: krautige Pflanze bis 10 cm hoch · blaue Blüten

Blütezeit: Mai – August

Besonderheiten: Stängel ist kaum sichtbar · polsterförmiger Wuchs schützt vor Austrocknung · intensive Blütenfarbe schützt vor starker Sonneneinstrahlung im Gebirge · Anlockung von Bestäubern durch Blütenfarbe · steht unter Naturschutz

Buschwindröschen

Merkmale: krautige Pflanze mit 11 – 25 cm Höhe · blüht weiß bis hellrosa

Blütezeit: März – Mai

Besonderheiten: unterirdischer Erdspross, der bereits an den ersten warmen Tagen des Jahres ein Wachstum ermöglicht, bevor die Laubbäume ihr Blätterdach entwickelt haben · giftig

1. 🄰 Ordne die hier beschriebenen Arten den Lebensräumen Wald, Gewässer, Moor und Gebirge zu.

2. 🄰 Nenne für jeden Lebensraum stichpunktartig die herrschenden Lebensbedingungen.

3. 🄰 Stelle in einer Tabelle zusammen, wie die hier beschriebenen Arten an ihren jeweiligen Lebensraum angepasst sind.

4. 🅀 Suche im Internet für die Lebensräume Gebirge, Hochmoor, Laubwald und Gewässer eine weitere Pflanze und erstelle für sie einen Steckbrief.

5. 🅀 Suche in der „Roten Liste gefährdeter Pflanzen" fünf stark gefährdete Blütenpflanzen. Du findest die Liste im Internet.

Weiße Seerose
Merkmale: krautige Pflanze mit bis zu 25 cm großen dunkelgrünen Blättern · weiße Blüte
Blütezeit: Mai – September
Besonderheiten: unterirdischer Spross · Schwimmblätter lederartig und derb, um Wellengang zu widerstehen · Blätter mit luftgefüllten Hohlräumen ermöglichen Schwimmen · Wachsschicht lässt Wasser abperlen

Scharbockskraut
Merkmale: krautige Pflanze mit 10 – 20 cm Höhe · gelbe Blüten
Blütezeit: März – Mai
Besonderheiten: unterirdische Wurzelknolle, in der die Nährstoffe gespeichert werden · Wachstum bereits im März · einige Teile sind giftig, deshalb wird es von Tieren nicht gefressen

Alpen-Edelweiß
Merkmale: krautige Pflanze mit 5 – 20 cm Höhe · weiß-glänzende Blüten
Blütezeit: Juli – September
Besonderheiten: wollig-weißfilzige Behaarung schützt vor Sonneneinstrahlung · Einlagerung von Luftbläschen schützt vor Austrocknung und Wärmeverlust · steht unter Naturschutz

Rundblätteriger Sonnentau
Merkmale: krautige Pflanze mit 5 – 20 cm Höhe · weiße Blüten
Blütezeit: Juni – August
Besonderheiten: Blätter sind zu Fangblättern umgestaltet · Mineralstoffarmut des Moorbodens wird durch Verdauen von kleinen Insekten ausgeglichen · Absonderung von Fangschleim · steht unter Naturschutz

Pflanzen pflegen

1. Ⓠ Ⓚ

Wenn ihr Pflanzen in eurem Klassenzimmer aufstellen wollt, ergeben sich folgende Aufgaben:

a) Entscheidet, welche der in Abbildung 1 auf S. 107 vorgestellten Pflanzen für euer Klassenzimmer geeignet wären.

b) Erkundigt euch nach weiteren Pflanzen, die sich für den Standort in eurem Klassenzimmer eignen.

c) Informiert euch über die Namen der Pflanzen, ihre Blütezeit und was ihr bei der Pflege beachten müsst. Berücksichtigt auch die folgenden „Pflegetipps".

d) Fertigt für jede Pflanze einen Steckbrief an und ergänzt eine Zeichnung oder ein Foto.

PFLEGETIPPS

- Stellt die Pflanzen so auf, wie es ungefähr den jeweiligen Licht- und Wärmebedürfnissen in ihrer Heimat entspricht. Verändert den Standort nur, wenn es nicht anders geht.
- Gießt möglichst mit Regenwasser oder abgestandenem Wasser mit Zimmertemperatur.
- Bewässert vom Rand her, nicht mitten in die Pflanze.
- Lasst kein Gießwasser im Übertopf oder im Topfuntersatz stehen.
- Lockert die Erde ab und zu auf.
- Düngt mit Flüssigdünger oder Düngestäbchen nur nach Bedarf.
- Topft die Pflanze um, wenn der Topf zu klein geworden ist.
- Klärt, wer die Pflanzen in den Ferien pflegt.

2. ≡ Ⓥ Ⓚ

a) Wenn ihr eine Hecke im Schulgarten habt: Messt mithilfe geeigneter Messgeräte Temperatur, Lichtstärke und Windgeschwindigkeit in unterschiedlichen Abständen zur Hecke. Messt zum Beispiel in 0 m, 5 m, 10 m und 20 m Abstand. Haltet die Messwerte in einer Messtabelle wie unten abgebildet fest.

b) Formuliert als Ergebnis, welche Einflüsse der Hecke auf die Temperatur, die Lichtstärke und die Windgeschwindigkeit sich in den Messwerten zeigen.

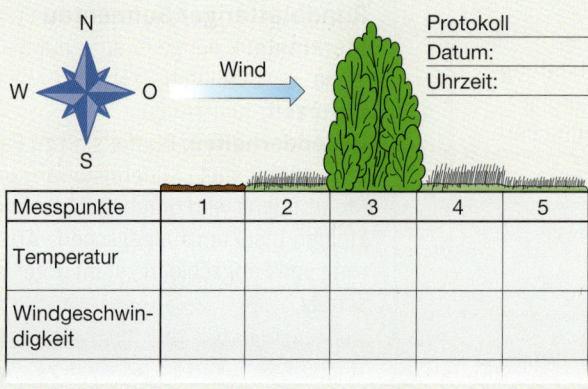

Messpunkte	1	2	3	4	5
Temperatur					
Windgeschwindigkeit					

3. ≡ Ⓥ

Im Schulgarten könnt ihr, wie das Bild zeigt, kleine Tiere von Bäumen und Sträuchern schütteln.

a) Betrachtet die Tiere mit einer Lupe. Beschreibt das Verhalten und besondere Eigenschaften.

b) Bestimmt einige Namen der Tiere.

HINWEIS

Haltet Tiere zur Beobachtung nur für kurze Zeit gefangen. Behandelt sie vorsichtig. Setzt sie dort wieder aus, wo ihr sie gesammelt habt.

Zimmerpflanzen und ihre Heimat

Viele unserer Zimmerpflanzen kommen aus Gebieten, in denen andere Lebensbedingungen herrschen als bei uns. So kommen manche Farnarten aus tropischen Regenwäldern. Das Alpenveilchen dagegen stammt aus den bergigen und kühleren Regionen des Mittelmeerraumes und Kleinasiens.

Standort und Pflege

Zimmerpflanzen haben also unterschiedliche Ansprüche an **Licht, Temperatur, Wasser** und **Mineralstoffe.** Wir müssen sie daher an einem passenden **Standort** aufstellen und sie richtig pflegen.

Stammt eine Zimmerpflanze wie der Schildfarn aus dem tropischen Regenwald, sollte sie feucht und schattig stehen. Wüsten- und Steppenpflanzen wie Kakteen benötigen im Sommer viel Licht und ausreichend Wasser, aber einen kühlen, trockenen Standort im Winter.

Jede Art ist auch an eine bestimmte Lichtmenge angepasst. An Südfenstern müssen wir manche Pflanzen vor greller Sonne schützen. In lichtarmen Wintermonaten sind die sonnigsten Standorte der richtige Platz.

Richtiges Gießen gehört zu den wichtigsten Pflegemaßnahmen. Bei trockener Heizungsluft muss mehr gegossen werden als in feuchten, kühleren Räumen. Regelmäßiges Einsprühen der Blätter ist bei Farnen sinnvoll, die eine hohe Luftfeuchtigkeit brauchen. Bei anderen Pflanzen führt dies zu Krankheiten durch Pilzbefall.

Schulgarten

Auch außerhalb des Klassenzimmers können Pflanzen gehalten werden. Der **Schulgarten** ist ein abgegrenzter Bereich im Schulgelände mit verschiedenen Pflanzen, die zum Beispiel für den Biologieunterricht genutzt werden können. So können dort einheimische Bäume wachsen. Auf einer Blumenwiese kann es Blütenpflanzen der verschiedenen Pflanzenfamilien geben und in verschiedenen Beeten Nutzpflanzen, wie Kartoffeln und Karotten. In einer Hecke können gut Vögel beobachtet werden und in einem „Insektenhotel" finden verschiedene Insekten einen Platz zum Nisten und Überwintern. Ein Teich kann eine Vielzahl von Wasserpflanzen und -tieren beherbergen.

Bei der Pflege von Pflanzen im Klassenzimmer und im angelegten Schulgarten müssen die unterschiedlichen Ansprüche der Pflanzen berücksichtigt werden.

1 Pflanzen pflegen:
A Schulgarten mit Teich,
B Alpenveilchen,
C Farn,
D Kaktus

Mit Tabellen und Diagrammen arbeiten

Tabellen erstellen

Oft lassen sich die Ergebnisse von Versuchen oder Beobachtungen gut in einer Tabelle zusammenfassen. Rechts seht ihr das Ergebnis eines Experiments zur Keimung von Kressesamen. Dabei wurde die Wassermenge, die der Schale mit 20 Samen täglich hinzugefügt wurde, verändert.

Tipps zum Erstellen einer Tabelle:

- Überlegt euch zunächst die Einteilung der Tabelle. Wie groß müssen die Spalten sein? Welche Beschriftung ist wichtig? Eignet sich Quer- oder Hochformat?
- Zieht die Linien sauber mit einem Lineal.

Tägliche Wassermenge in ml	Anzahl der keimenden Samen
0	0
2	3
4	6
6	12
8	17

1 Mögliche Ergebnistabelle eines Kressesamenexperiments

Diagramme lesen und erstellen

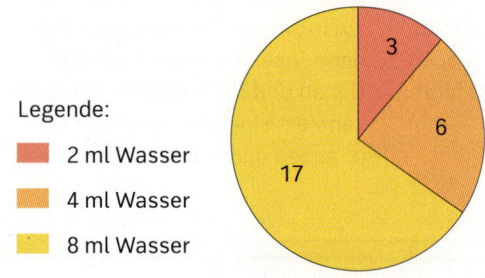

2 Das Experimentergebnis im Kreisdiagramm

Um Messwerte nicht nur als Zahl, sondern auch als Bild deutlich zu machen, stellt man sie in einem Diagramm dar. Diagramme kommen in unterschiedlichen Formen vor. Sehr häufig findet man Säulendiagramme und Kreisdiagramme. In den Beispielen hier ist das Kressesamenexperiment als Streifen-, Säulen und Kreisdiagramm dargestellt.
Beim Lesen solcher Diagramme hilft dir die Legende, die angibt, welcher Versuchsansatz in welcher Farbe im Diagramm dargestellt ist. Am Beispiel lässt sich gut erkennen, dass bei 8 ml Wasser, im Diagramm gelb, am meisten Samen gekeimt haben.

Tipps zum Erstellen eines Säulendiagramms:

Sowohl das Säulen- als auch das Streifendiagramm werden im Gegensatz zum Kreisdiagramm mithilfe zweier Achsen eingezeichnet.

- Überlegt euch zunächst die Länge und Einteilung der senkrechten Achse. Um die Anzahl der gekeimten Kressesamen darzustellen, eignet sich eine Höhe von 15 cm.
- Findet eine passende Beschriftung. Im Beispiel hier eignet sich 0,5 cm = 1 Samen.
- Wenn ihr alle Säulen aufeinander stellt, erhaltet ihr einen Streifen von 13 cm Länge, also die Summe aller gekeimten Samen aus den drei Versuchsansätzen. Man spricht dann von einem Streifendiagramm.

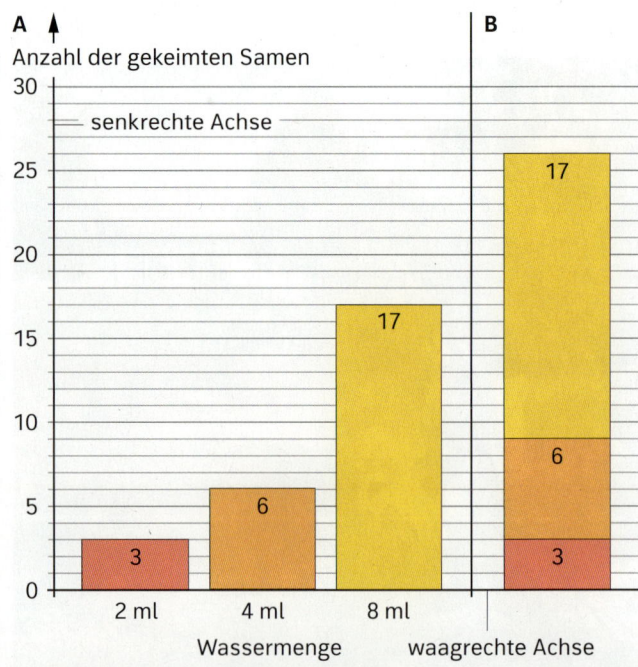

3 Ergebnis des Kressesamenexperiments: **A** Säulendiagramm, **B** Streifendiagramm

1. **A**
a) Zeichne ein Säulendiagramm für die Werte 0 ml, 6 ml und 8 ml.
b) Zeichne nun ein Streifendiagramm.

Verlaufsdiagramme zeigen Veränderungen

Bei vielen Versuchen braucht man längere Zeit, um eine Entwicklung zu beobachten. Solche Ergebnisse lassen sich gut in einem Verlaufsdiagramm darstellen. Dazu wird die waagerechte Achse mit einer Zeiteinheit versehen. Auf der senkrechten Achse befinden sich die möglichen Messwerte. Die in bestimmten Zeitabständen gemessenen Werte werden zunächst als Kreuze eingetragen und dann mit Linien verbunden.

Das rechte Beispiel zeigt, wie viele Kressesamen im Laufe einer Woche bei täglich 4 ml und 8 ml Wasser gekeimt haben.

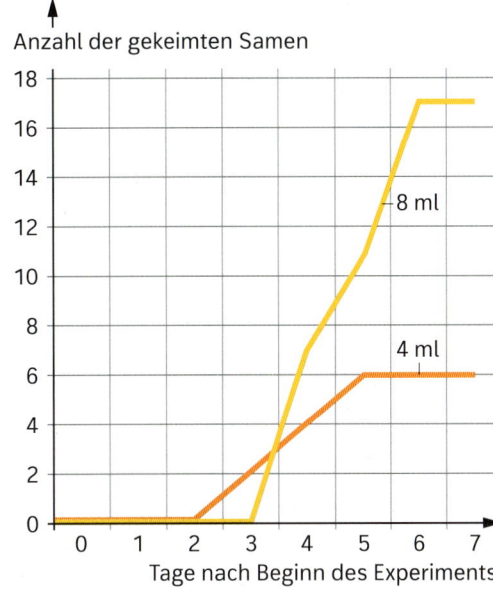

4 Keimende Kressesamen im Laufe einer Woche mit 4 ml und 8 ml Wasser täglich

2. Ⓐ

a) Ermittle mithilfe des Diagramms die Anzahl der keimenden Samen für die Tage 1–7.
b) Beschreibe in eigenen Worten die beiden Kurvenverläufe.
c) Werte nun das Diagramm hinsichtlich der Wassermenge aus.

Von einer Tabelle zum Verlaufsdiagramm

Tage nach Beginn des Experiments	Anzahl der keimenden Samen
Beginn	0
1	0
2	0
3	6
4	11
5	12
6	14
7	14

5 Ergebnistabelle zum Kressesamenexperiment mit 12 ml Wasser täglich

Wie viele Kressesamen wachsen bei 12 ml Wasser täglich im Laufe einer Woche? Um diese Frage zu beantworten, wurde der folgende Versuch durchgeführt:
• 30 Kressesamen wurden in eine Schale mit Erde gegeben.
• Jeden Tag bekamen die Kressesamen 12 ml Wasser.
• Am Abend jeden Tages wurde die Anzahl der keimenden Samen bestimmt.

Die beiden Abbildungen zeigen euch die Ergebnistabelle und das dazugehörige Verlaufsdiagramm.

Tipps zum Erstellen eines Verlaufsdiagramms
• Zeichnet zunächst die beiden Achsen und beschriftet sie.
• Tragt nun jeden Messwert mithilfe eines kleinen Kreuzes in das Diagramm ein. Der erste Messwert wird bei Tag 0 eingetragen.
• Verbindet nun die Punkte zu einer Linie.

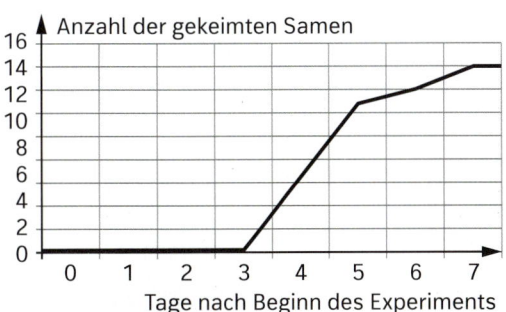

6 Verlaufsdiagramm zum Kressesamenexperiment mit 12 ml Wasser täglich

3. Ⓥ

a) Führe das Kressesamenexperiment eine Woche lang durch. Variiere dabei die Lichtmenge: Ansatz 1: Fensterbank, Ansatz 2: nach dem Unterricht im Schrank und Ansatz 3: im Schrank. Stelle deine Ergebnisse in einer Tabelle dar und zeichne ein Verlaufsdiagramm.
b) Überlege, was die Ergebnisse aussagen würden, wenn du 2 Varianten (Lichtmenge und Wassermenge) gleichzeitig ändern würdest.

METHODE

Vom Acker auf den Tisch

1. ≡ **A**
Die Abbildungen zeigen verschiedene Wege, wie die Energie aus dem Mais auf unseren Teller kommen kann.
a) Beschreibe diese Wege mit eigenen Worten.
b) Überlege dir weitere Wege, wie der Mais auf deinen Teller gelangen kann. Berichte sie der Klasse.

2. ≡ **V**
Kaue einige Maiskörner aus der Dose und berichte, wie sie schmecken. Welche Inhaltsstoffe könnten deiner Meinung nach im Mais stecken?

3. ≡ **A**
a) Zähle die Zutaten auf, die auf dieser Pizza zu sehen sind.
b) Beschreibe den Energiefluss für die Pizzazutat „Salami". Bringe dazu folgende Begriffe in die richtige Reihenfolge: Mais · Salami · Schwein · Mensch · Sonnenlicht

4. ≡ **Q**
Neben Mais werden in Bayern noch viele weitere wichtige Nutzpflanzen auf Äckern angebaut.
a) Finde weitere Beispiele hierfür und nenne Möglichkeiten für deren Verwendung.
b) Befrage einen Landwirt in der Nähe deiner Schule welche Nutzpflanzen er anbaut und lasse dir seine Gründe für diese Entscheidung nennen.

5. ≡ **A**
Viele Nahrungsmittel werden aus dem Ausland eingeführt. Bewerte das Angebot von Obst und Gemüse im Supermarkt im Vergleich mit dem Angebot auf einem Wochenmarkt.

1 Energiefluss vom Acker auf den Tisch

Nutzpflanzen – Grundlage unserer Ernährung

Wenn man in Bayern übers Land fährt, sieht man neben Wiesen und Weiden meistens Felder mit Nutzpflanzen wie Getreide, Kartoffeln oder Mais. In Früchten, Knollen, aber auch in der ganzen Pflanze speichern sie Energie in Form von Nährstoffen. Diese werden von Mensch und Tier für alle Lebensvorgänge gebraucht.

Der Ursprung der Energie

Pflanzen können aus Kohlenstoffdioxid und Wasser energiereiche Stoffe herstellen. Die **Energie** für diesen Vorgang liefert das **Sonnenlicht**. Da dies nur die grünen Pflanzen können, sind sie die Grundlage des Lebens auf der Erde.

Energiefluss

Wie in der Abbildung 1 dargestellt, wird die Energie beim Verzehr der Pflanzenprodukte von Stufe zu Stufe weitergegeben. Man bezeichnet dies als **Energiefluss.** Allerdings nimmt die Energie dabei von Stufe zu Stufe stark ab.

Wachsender Bedarf

Wild wachsende Pflanzen können den riesigen Energiebedarf von Milliarden Menschen und Nutztieren auf der Erde nicht decken. Daher hat man aus einigen Wildpflanzenarten besonders ertragreiche **Nutzpflanzen** gezüchtet. Diese haben einen großen Bedarf an Mineralstoffen, der ihnen in Form von Mineraldünger oder organischen Düngern wie Stallmist zugeführt wird. Um sie vor Konkurrenz von Beikräutern und schädlichen Insekten zu schützen, werden sie mit oft chemischen Spritzmitteln behandelt.

Probleme im Nutzpflanzenbau

Manchmal können die Pflanzen nicht alle Mineralstoffe verwerten, die sie mit dem Dünger erhalten haben. Die Reste werden dann mit dem Regenwasser abgeschwemmt oder versickern im Boden und belasten Gewässer oder das Grundwasser. Auch Spritzmittel, die nicht restlos abgebaut werden, können diesen Weg gehen, oder beim Verarbeiten der Pflanzen direkt in die Nahrung gelangen. Heute bemüht man sich, durch eine besser dosierte Düngung, neue umweltverträgliche Spritzmittel und schonende Anbaumethoden solche Folgen zu vermeiden.

Pflanzen speichern die Energie der Sonne in Form von Nährstoffen. Ertragreiche Nutzpflanzen liefern Energie für Menschen und Nutztiere. Der Einsatz von Mineraldüngern und Pflanzenschutzmitteln in der Pflanzenproduktion führt zu Problemen.

Züchtung von Pflanzen

1. ≣ Ⓐ
Nenne Gründe, warum Menschen Tiere und Pflanzen züchten.

2. ≣ Ⓠ
Aus dem Wildeinkorn ist als eine der ersten kultivierten Pflanzen das links abgebildete Einkorn entstanden. Weitere Züchtungen ergaben schließlich unseren heutigen Weizen. Suche im Internet nach Vorteilen unseres heutigen Weizens im Vergleich zu früheren Formen. Präsentiere deine Ergebnisse.

3. ≣ Ⓠ
Durch Auslesezüchtung wurden viele Apfelsorten gezüchtet. Allein in Deutschland gibt es über 2000 verschiedene Sorten.
a) Gehe in den Supermarkt und notiere die Sorten, die es dort zu kaufen gibt. Kaufe fünf verschiedene Apfelsorten und vergleiche in einer Tabelle Geschmack und Aussehen.

b) Verschiedene Apfelsorten werden für unterschiedliche Zwecke genutzt. Wähle einige Sorten aus und recherchiere, wofür sie vorwiegend verwendet werden. Präsentiere deine Ergebnisse.
c) Die Goldparmäne ist eine alte Sorte, die heute kaum mehr in Geschäften zu finden ist. Finde Gründe, warum alte Sorten kaum noch angebaut werden und notiere sie.

4. Ⓠ
Auch bei Rosen hat der Mensch unzählig viele verschiedene Sorten gezüchtet, die sich in Farbe und Form unterscheiden.
a) Frage einen Mitarbeiter eines Gartencenters, welche Rosensorten dort verkauft werden.
b) Informiere dich, wo die Rosen angebaut werden, die man in Deutschland kaufen kann. Welche Probleme können sich daraus für die Umwelt ergeben? Erkläre.

5. ≣ Ⓥ
a) Stecke eine frische weiße Rose in mit Tinte gefärbtes Wasser. Lasse sie dort für zwei Tage stehen. Was kannst du beobachten?
b) Hast du eine neue Rose gezüchtet? Begründe deine Entscheidung.

6. ≣ Ⓠ
Durch Auslesezüchtung entstanden aus dem Wildkohl zahlreiche Kohlsorten. Trage in eine Tabelle die abgebildeten Kohlsorten aus Abb. 1 und den jeweils veränderten Teil der Pflanze ein.

7. ≣ Ⓐ ⦿
Die nebenstehende Abbildung zeigt eine Kohlsorte, bei der das gleiche Organ wie beim Blumenkohl durch Züchtung verändert wurde. Benenne die Kohlsorte und das veränderte Organ.

Von der Wildpflanze zur Nutzpflanze

Als der Mensch sesshaft wurde, begann er Pflanzen anzubauen. Die Pflanzen, die er dafür auswählte, kannte er schon aus der Zeit, als er noch vom Jagen und Sammeln lebte. Dazu zählt der Wildkohl, der schon vor mehr als 4000 Jahren angebaut wurde. Der Mensch bemerkte dabei wahrscheinlich einige Wildkohlpflanzen, die einen dicken Stängel oder besonders schmackhafte Blätter hatten. Solche zufälligen Variationen kommen immer wieder vor und werden auf die Nachkommen weiter vererbt. Sie sind Grundlage für die Züchtung.

Auslesezüchtung

Bei der Auslesezüchtung säte der Mensch immer nur dann Samen von Pflanzen aus, die solche gewünschten Eigenschaften hatten. Dieses Vorgehen wurde über viele Generationen wiederholt. Die Pflanzen wurden also mit einem bestimmten Ziel ausgelesen und weiter gezüchtet.

Zuchtformen des Wildkohls

Mithilfe der Auslesezüchtung gelang es dem Menschen im Laufe von Jahrtausenden, neue Kohlsorten zu züchten, die kaum noch Ähnlichkeit mit dem Wildkohl haben. Aus Wildkohlpflanzen mit besonders wohlschmeckenden Blättern züchtete der Mensch den Grünkohl. Aus Pflanzen mit verkürzten und verdickten Nebentrieben entstand der Rosenkohl. Bei Züchtung des Blumenkohls und des Brokkolis waren Pflanzen mit dickfleischigen Blüten das Zuchtziel. Der Kohlrabi hat besonders dicke Stängel.

Sortenvielfalt

Aus vielen weiteren Wildpflanzen hat der Mensch Nutzpflanzen gezüchtet. Aus der Wildform der Äpfel enstand eine fast unüberschaubare Vielfalt von Apfelsorten. Aber auch bei Rosen, Tulpen, Weizen, Reis oder Kartoffeln sind viele Zuchtformen mit unterschiedlichen gewünschten Merkmalen entstanden.

> Der Mensch züchtet Nutzpflanzen, um seine Ernährung zu sichern. Durch Auslesezüchtung entstanden viele Pflanzensorten mit den jeweils erwünschten Merkmalen.

1 Wildkohl und Zuchtformen: **A** Blumenkohl, **B** Rosenkohl, **C** Grünkohl, **D** Kohlrabi

Die Kartoffel – eine vielseitige Knolle

1. ☰ Ⓠ
Informiere dich über die Heimat und die heutige Verbreitung der Kartoffel. Trage das Ergebnis in die Kopie einer Weltkarte ein.

2. Ⓠ
Führt auf dem Wochenmarkt ein Interview mit Verkäufern von Kartoffeln. Warum gibt es so viele Sorten? Notiert euch Sortennamen und deren Eigenschaften.

3. Ⓠ ⓚ
Erkundet einen Supermarkt und erstellt eine Liste mit Produkten, die aus Kartoffeln hergestellt werden. Beschreibt die Produkte und erklärt ihre Verwendungen.

4. ☰ Ⓐ
Beurteilt Lebensmittel aus Kartoffeln im Hinblick auf eine gesunde Ernährung.

5. ☰ Ⓐ
Beschreibe, wie eine Kartoffelpflanze gebaut ist.
Erstelle dazu eine Tabelle mit unterschiedlichen Pflanzenorganen. Schreibe zu jedem Organ, welche Funktion es für die Pflanze hat.

Organ	Funktion
Wurzel	
Sprossknolle	

6. ☰ Ⓠ
Kartoffelpflanzen können sich geschlechtlich und ungeschlechtlich vermehren.
a) Beschreibe beide Vorgänge.
b) Beurteile, welchen Nutzen der Mensch von jedem Vorgang hat.

7. ☰ Ⓥ ⓚ
Auf der Methodenseite „Einen Versuch planen, durchführen und protokollieren" könnt ihr nachlesen, wie man in Lebensmitteln Stärke nachweist.
a) Enthalten Kartoffeln Stärke? Führt zum Beweis einen Stärkenachweis durch. Fertigt ein Versuchsprotokoll an.
b) Enthalten Kartoffeln Fett? Fett weist man nach, indem man den zu untersuchenden Stoff auf einem Filterpapier zerdrückt. Bleibt der entstehende Fleck auch nach dem Trocknen, ist Fett in der Probe. Führt einen Fettnachweis an unterschiedlichen Kartoffelprodukten durch, zum Beispiel an Scheiben von rohen Kartoffeln, gekochten Kartoffeln, Bratkartoffeln und Pommes frites. Fertigt ein Versuchsprotokoll an.

Die Kartoffel – ein wichtiges Grundnahrungsmittel

Speisekartoffeln stammen von Wildkartoffeln ab. Ihre Heimat ist das Hochland von Peru und Bolivien. Die Menschen dort nutzen Kartoffeln schon seit Jahrtausenden zur Ernährung.

Die Kartoffel ist eine der wichtigsten Nutzpflanzen. Die Knollen enthalten viel Stärke und sind daher wichtige Energielieferanten. Man hat viele Kartoffelsorten mit unterschiedlichen Eigenschaften gezüchtet:

• fest- bis weichkochende Speisekartoffeln,
• Futterkartoffeln zur Mast von Nutztieren,
• Kartoffeln zur Produktion von Industriestärke. Daraus werden Produkte wie Wäschestärke, Klebstoffe, Verpackungsmaterial oder Alkohol hergestellt.

Zubereitungsformen

Für Pommes frites oder Kartoffelchips werden Kartoffeln in Fett frittiert. Solche Produkte enthalten deshalb viel Fett und haben einen hohen Energiegehalt. Bei häufigem Genuss können sie zu Übergewicht führen. Gesündere Zubereitungsformen sind beispielsweise Pellkartoffeln oder Salzkartoffeln, da die Kartoffeln nur in Wasser gegart werden.

Wie Kartoffeln wachsen

Lagert man Kartoffeln, entwickeln sich an ihnen weiße Triebe. Sie wachsen aus den Knospen, den „Augen". Diese liegen in kleinen Vertiefungen der Kartoffelschale. An den Trieben kann man kleine Blättchen und Knospen finden. Die Kartoffelknolle ist kein Teil der Wurzel. Sie ist eine **Sprossknolle**, ein verdickter Abschnitt der Sprossachse. Auf ähnliche Weise treiben Saatkartoffeln in der Erde. Sie werden im Frühjahr in flache Pflanzlöcher gelegt und mit Erde bedeckt. Einige Triebe durchbrechen die Erde, ergrünen und entwickeln sich zu einer blühenden Pflanze. Die nach der Blüte an der Sprossachse entstehenden Früchte sind giftig. Sie dürfen nicht verzehrt werden. Die Samen können zur Zucht verwendet werden. Die unterirdischen Sprosse bleiben weiß. Sie bilden **Ausläufer.** Diese verdicken sich an den Enden zu zahlreichen Knollen. In den Knollen speichert die Kartoffelpflanze vor allem Stärke, aber auch Mineralstoffe, Vitamine und etwas Eiweiß.

Im Herbst sterben die oberirdischen Teile der Kartoffelpflanze ab. Die Knollen an den unterirdischen Ausläufern werden geerntet.

Blüten

Früchte mit Samen

Blätter

Sprossachse

Wurzeln

Ausläufer mit Sprossknollen

Triebe

Auge

B

Mutterknolle

A

1 Kartoffel: **A** Saatkartoffel, **B** Pflanze

Die Kartoffel ist eine Sprossknolle. Sie entsteht aus unterirdischen Ausläufern der Sprossachse. Die Kartoffel ist wegen ihres hohen Stärkegehalts eine wichtige Nutzpflanze.

Getreide – Grundlage für viele Lebensmittel

1.
Beschreibe anhand der Abbildungen und Texte einige Getreidearten. Nenne Merkmale, an denen man sie voneinander unterscheiden kann.

2. 🅥
Lege Weizenkörner in eine flache Glasschale und übergieße sie mit Wasser. Lass die Körner quellen. Schneide sie dann längs durch.
a) Zeichne, was du siehst. Beschrifte die Zeichnung.
b) Führe einen Stärkenachweis durch und fertige ein Versuchsprotokoll an.
Nimm die Methode „Einen Versuch planen, durchführen und protokollieren" zu Hilfe.

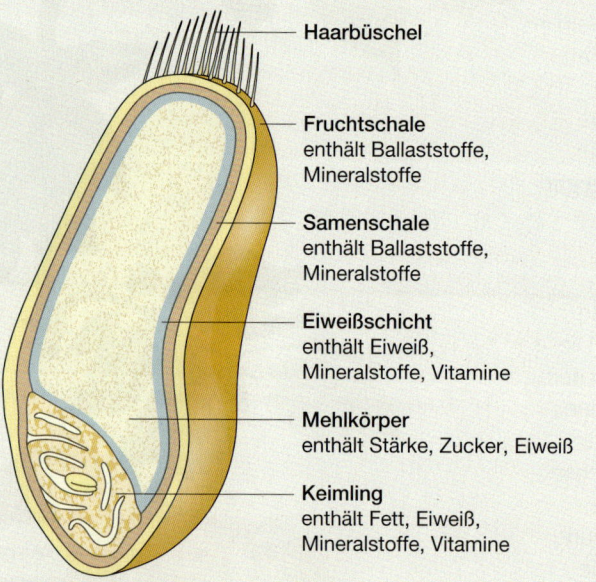

- **Haarbüschel**

- **Fruchtschale**
  enthält Ballaststoffe, Mineralstoffe

- **Samenschale**
  enthält Ballaststoffe, Mineralstoffe

- **Eiweißschicht**
  enthält Eiweiß, Mineralstoffe, Vitamine

- **Mehlkörper**
  enthält Stärke, Zucker, Eiweiß

- **Keimling**
  enthält Fett, Eiweiß, Mineralstoffe, Vitamine

3. 🆀
a) Benenne die Teile des Weizenkorns, die für Vollkornmehl verwendet werden und diejenigen, die für Auszugsmehl verwendet werden.
b) Beurteile beide Mehlarten im Hinblick auf eine gesunde Ernährung.
c) Halte darüber einen kurzen Vortrag.

4. 🅥
Aus Getreideprodukten lassen sich leckere und gesunde Gerichte zubereiten.
a) Stelle eine Speisekarte mit „Mehlspeisen" zusammen.
b) Bereite selbst ein Gericht aus deiner Speisekarte zu. Schreibt das Rezept auf.

5. 🆀
Erstelle eine Mindmap zum Thema „Getreide und Getreideprodukte". Benutze dazu die Informationen auf der nebenstehenden Seite.

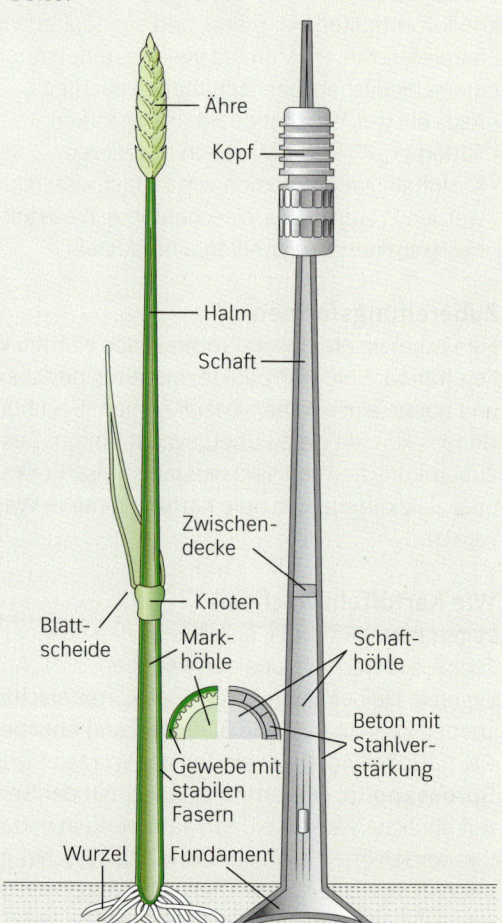

- Ähre
- Kopf
- Halm
- Schaft
- Zwischendecke
- Knoten
- Blattscheide
- Markhöhle
- Schafthöhle
- Beton mit Stahlverstärkung
- Gewebe mit stabilen Fasern
- Wurzel
- Fundament

6.
Für Techniker sind Getreidehalme Vorbilder für Bauwerke wie Fernsehtürme.
a) Vergleiche Getreidehalm und Fernsehturm. Schreibe auf, welche Ähnlichkeiten in den Strukturen bestehen.
b) Stelle dar, welche Funktion die einzelnen Strukturen – zum Beispiel Wurzel und Fundament – für den Getreidehalm beziehungsweise den Turm haben.

7. 🅐
Berichte, wie man Stroh auf verschiedene Weisen nutzen kann.

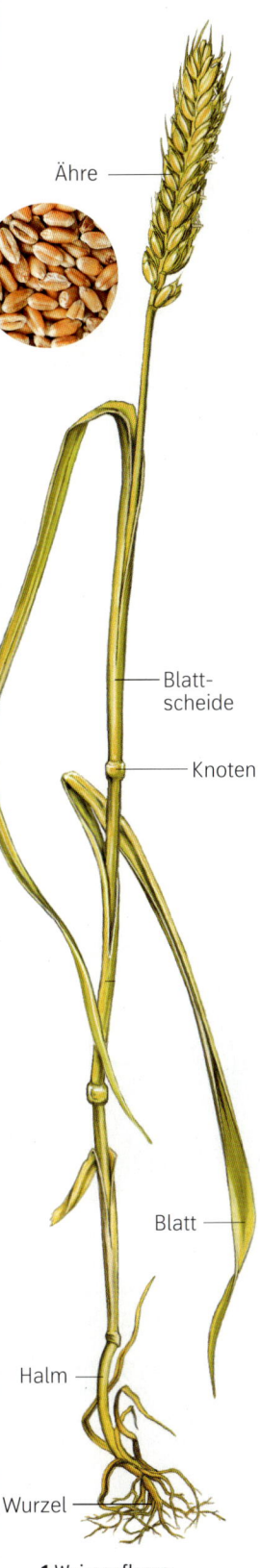

Getreidepflanzen sind Gräser

Eine Getreidepflanze besitzt alle Merkmale der **Gräser:** Der lange, dünne Halm ist hohl. Wegen seiner elastischen Fasern im Inneren ist er so biegsam, dass er eine schwere Ähre tragen kann. Knoten bilden dicke Querwände und machen den Halm sehr stabil. Die Umwicklung des Blattes um den Stängel, die Blattscheide, verleiht zusätzliche Stabilität.

Grundnahrungsmittel und Energielieferant

Getreidekörner sind für unsere Ernährung unentbehrlich, weil sie im Mehlkörper viel Stärke enthalten. Der Mehlkörper macht den größten Teil des Korns aus. Damit ist Getreide ein wertvoller Energieträger. Die Körner haben neben der energiereichen Stärke noch mehr zu bieten. Der Mehlkörper verfügt zusätzlich über Eiweiß. Die Frucht- und Samenschalen enthalten wichtige Mineralstoffe, Vitamine und Ballaststoffe. Das **Getreidestroh** dient in Ställen als Einstreu und Futter oder wird untergepflügt zur Bodenverbesserung verwendet. Es wird aber auch zur Energieerzeugung in Kraftwerken genutzt.

Vom Weizenkorn zum Produkt

Die Körner der Weizenpflanze werden zu **Mehl** vermahlen. Das Weizenmehl wird für helles Brot, Nudeln, Gries und Backwaren verwendet. Bei der Mehlherstellung werden Samenschale und Keimling ausgesiebt. Man spricht dann vom Auszugsmehl. Beim Sieben gehen viele für die Ernährung wertvolle Bestandteile wie Vitamine, Eiweißstoffe und Ballaststoffe verloren. Das geschieht nicht, wenn das ganze Korn zu Vollkornmehl vermahlen wird.

Getreidearten und ihre Nutzung

Roggen dient ebenfalls als Brotgetreide. Produkte der **Gerste** sind Malz zur Herstellung von Bier sowie Graupen. **Hafer** wird zur Herstellung von Haferflocken sowie als Viehfutter genutzt. In Südostasien gehört Reis zu den wichtigsten Grundnahrungsmitteln. Eine weitere Getreideart ist die **Hirse.** Wie der Reis braucht auch sie Wärme. Ihre Hauptanbaugebiete liegen in Afrika und Asien. Der **Mais** ist eine alte Nahrungspflanze in Amerika. Heute wird er weltweit als Viehfutter angebaut.

1 Weizenpflanze

Roggen: Ähre mit kurzen Grannen (haarähnliche Fortsätze)

Gerste: Ähren mit sehr langen Grannen

Hafer: Rispe

Mais: Kolben

2 Getreidearten

Wichtige Getreidearten bei uns sind Roggen, Gerste, Hafer, Weizen und Mais. Ihr stärkehaltiges Mehl wird vor allem für Brot und Nudeln verwendet. Der bei uns angebaute Mais wird als Viehfutter genutzt.

Bedeutung der Pflanzen für den Menschen

Bedeutung der Nutzpflanzen

Nutzpflanzen sind Pflanzen, die vom Menschen für verschiedenste Zwecke verwendet werden.

Schon unsere frühesten Vorfahren nutzten Pflanzen, zum Beispiel zur Anfertigung von Waffen und Werkzeugen, als Brennmaterial für Lagerfeuer und als Nahrung.

Auch heute noch haben Pflanzen eine große Bedeutung, zum Beispiel als Nahrung, Energieträger oder Ausgangsstoffe für verschiedene Produkte.

Der Vorteil von Pflanzen ist, dass sie nachwachsen und somit bei umsichtigem Umgang immer zur Verfügung stehen. Man bezeichnet sie daher auch als **nachwachsende Rohstoffe.**

Mais
- Ursprünglich aus Mexiko, wird heute vor allem in USA, China und Südamerika angebaut.
- Nutzung als Nahrung, Viehfutter, in Biogasanlagen
- In Biogasanlagen entsteht aus Mais Biogas, das zum Heizen verwendet wird.
- Gefahr der „Vermaisung", also des übermäßigen Anbaus von Mais, um daraus Biogas zu gewinnen

Holz verschiedener Baumarten
- Je nach Baumart nahezu weltweiter Anbau
- wird als Scheitholz oder Pellets zur Wärmegewinnung eingesetzt
- dient zum Bau von Häusern, Möbeln und Instrumenten
- Rohstoff zur Papierherstellung

Kautschuk

- ursprünglich aus Südamerika, heutiger Anbau auch in Asien und Afrika
- Kautschuk ist der Milchsaft des Kautschukbaumes
- Gewinnung durch Anritzen der Baumrinde und Auffangen in einem Behälter
- Ausgangsstoff für Autoreifen und Gummi

Baumwolle

- Pflanze ist kein „Baum", sondern ein Strauch.
- Anbau vor allem in China, Indien und USA
- benötigt viel Wasser und Dünger zum Wachsen
- Samenhaare werden maschinell oder von Hand geerntet, gereinigt, versponnen und verarbeitet.
- Verwendung vor allem als Ausgangsstoff für Kleidung

PINNWAND

Reis

- zweitwichtigste Nahrungspflanze
- Getreideart
- Anbau vor allem in Asien, z. B. in China, Indien und Indonesien, aber auch Afrika und Mittel- und Südamerika
- Anbau zumeist als Nassanbau, bei dem der Reis in fließendem Wasser wächst
- weltweit mehr als 120 000 Reissorten

1. **A**
Ordne die hier beschriebenen Nutzpflanzen nach ihrer Verwendung als Energieträger, als Nahrungsmittel und als Ausgangsstoffe für verschiedene Produkte.

2. **Q**
Raps dient ebenfalls als Energieträger.
a) Informiere dich im Internet über die Verwendung von Raps.
b) Suche in der Umgebung deiner Schule nach einem Rapsfeld und untersuche die Blüte mithilfe einer Lupe. Benenne die einzelnen Bestandteile.

3. **Q**
Recherchiere weitere Naturfasern für die Herstellung von Stoffen, wie Leinen, Jute und Hanf. Stelle diese in einem Kurzvortrag deiner Klasse vor.

4. **A**
Viele der hier vorgestellten Pflanzen wachsen in China, Indien und Südamerika.
Erkläre, warum diese dort besonders gute Wachstumsbedingungen haben.

Versuche planen, durchführen und protokollieren

1. Fragestellung
Wenn du einen Versuch planst, musst du dir zuvor eine geeignete Frage überlegen, die du mit dem Versuch beantworten möchtest. Bei diesem Beispiel geht es darum, ob und in welchen Pflanzenteilen Stärke vorhanden ist.

2. Planung
Um nicht unnötig Zeit bei deinem Versuch zu verbrauchen, musst du dir zuvor Gedanken darüber machen, wie du vorgehen willst. Du besorgst **Geräte** und **Materialien,** erkundigst dich, ob **Sicherheitsbestimmungen** einzuhalten sind und wie dein Versuch ablaufen soll. Denke dabei auch an **Kontrollversuche.** Man sollte immer eine positive und negative Kontrolle einplanen, bei welcher der Versuch auf alle Fälle funktioniert bzw. nicht funktioniert. Dadurch kannst du mögliche Fehlerquellen ausschließen. Beim Stärkenachweis musst du kontrollieren, ob deine Iodlösung dazu auf Stärke reagiert (blauviolette Färbung), ohne Stärke aber nicht reagiert (keine Färbung).

3. Durchführung
Hast du alles ordnungsgemäß aufgebaut, kannst du mit dem Versuch beginnen. Notiere deine **Beobachtungen** zu Beginn des Versuchs und dann wieder regelmäßig in kurzen Abständen. Schreibe die **Versuchsdurchführung** sehr genau auf, damit der Versuch auch von jemandem durchgeführt werden kann, der nicht am Unterricht teilgenommen hat.

4. Protokollierung
Halte den Versuchsablauf in einem **Protokoll** fest (siehe nebenstehende Abbildung). Notiere deine Beobachtungen, trage Messwerte in Tabellen ein oder fertige Zeichnungen an. Achte dabei auf eine übersichtliche Darstellungsweise. Es muss darin zum Ausdruck kommen, ob die Problemstellung des Versuchs geklärt werden konnte.

5. Ergebnis und Schlussfolgerung
Nach Beendigung des Versuchs kannst du deine Ergebnisse weiter aufbereiten. Eventuell kannst du mit deinen Ergebnissen weitergehende Schlussfolgerungen ziehen.

1 Versuchsdurchführung mit der Iodprobe

Versuchsprotokoll

Fragestellung
Welche Pflanzenteile von Nutzpflanzen enthalten Stärke?

Material:
Speicherorgane von Nutzpflanzen wie Kartoffel, Zwiebel, gequollener Mais, Apfel, Stärke, scharfes Messer, Iod-Kaliumiodidlösung, Petrischalen, Pipette

Durchführung und Protokollierung
Schneide Stücke von deinen Speicherorganen ab, lege diese jeweils in eine Petrischale und gib 3 Tropfen Iod-Kaliumiodidlösung darauf. Färbt sich die Schnittstelle blauviolett, enthält das Organ Stärke. Notiere deine Beobachtungen.

Ergebnis und Schlussfolgerung:

Speicherorgan	Zwiebel	Mais	Kartoffel	Apfel
blauviolette Färbung	x	x	x	–

Zwiebel, Mais und Kartoffel enthalten Stärke, der Apfel jedoch nicht.

Eine Sachmappe erstellen

In einer Sachmappe werden möglichst viele Materialien gesammelt, die zu einem Thema oder einem Sachgebiet gehören. Eine gut sortierte Sachmappe ist ein kleines Nachschlagewerk.

Die Sachmappe kann ein Ordner sein, ein Schnellhefter oder eine Loseblattsammlung. Sichthefter aus Kunststoff oder Ordner aus Pappkarton sind besonders platzsparend und leicht zu transportieren.

Was gehört in eine Sachmappe?

In eine vielseitige Sachmappe gehören Bilder, Fotos, selbst geschriebene Texte, Zeitungsausschnitte, Diagramme, Schaubilder, Zeichnungen und eventuell Rezepte.

Auch gepresste Naturmaterialien wie Blüten, Blätter und Samen passen in eine Sachmappe. Diese können zur Gestaltung verwendet werden.

1 Verschiedene Ordner

Vorgehensweise beim Erstellen einer Sachmappe

- Gestalte ein Deckblatt und erstelle ein Inhaltsverzeichnis. Es sind immer die ersten Seiten in deiner Mappe.
- Schreibe die Überschrift und die Seitenzahl jeder Seite in das Inhaltsverzeichnis ein.
- Lasse links einen breiten Rand zum Abheften.
- Gib jeder Seite eine Überschrift.
- Zeichne mit Bleistift oder Buntstiften. Benutze ein Lineal und einen Zirkel.

- Achte darauf, dass die Zeichnungen nicht zu klein werden.
- In deiner Mappe kannst du alles sammeln, was zu einem Thema passt. So kannst du später immer nachschlagen, wenn du bestimmte Informationen brauchst. Häufig kannst du zum Beispiel Steckbriefe zu einzelnen Arten und zusätzliche Informationen aus dem Internet abheften.
- Achte auf einen ordentlichen Eindruck der Mappe.

2 Sachmappe: Ideen und Entstehung

METHODE

Tiere sind an ihren Lebensraum angepasst

Tiere können in der Natur nur überleben, wenn sie durch Körperbau und Verhalten an ihren Lebensraum angepasst sind.

Feldhasen zum Beispiel sind extrem schnell und wendig und können so ihren Feinden meist entkommen. Der Maulwurf ist durch die breiten Grabhände und Fledermäuse sind durch ihre mit Flughaut bespannten Flügel an ihren jeweiligen Lebensraum angepasst.

Viele Arten sind inzwischen selten geworden und müssen daher geschützt werden.

Haustiere

Tiere, die an den Menschen gewöhnt und von ihm mehr oder weniger abhängig sind, nennt man Haustiere. Werden sie gehalten, um sich an ihnen zu erfreuen, bezeichnet man sie als Heimtiere. Dienen sie einem bestimmten Zweck, zum Beispiel zur Fleischgewinnung, bezeichnet man sie als Nutztiere.

Heimtiere

Zu den Heimtieren zählen z. B. Hunde und Katzen. Hunde sind Hetzjäger und Zehengänger. Sie haben einen ausgeprägten Geruchs- und Gehörsinn. Als Fleischfresser verfügen sie über ein Raubtiergebiss. Alle Hunderassen stammen vom Wolf ab.

Nutztiere

Rinder zählen zu den wichtigsten Nutztieren. Sie liefern uns Fleisch, Milch, Leder und andere Produkte. Rinder stammen vom Auerochsen ab. Sie besitzen ein Pflanzenfressergebiss und einen vierteiligen Wiederkäuermagen. Durch Züchtung können bei Nutztieren größere Fleisch- und Milchmengen erzielt werden.

Tierhaltung

Nutztiere wie Rinder, Schweine oder Hühner werden oft in größeren Beständen gehalten, um die Kosten für die Fleischgewinnung möglichst gering zu halten.

Auch Tiere brauchen Schutz. Bei jeder Tierhaltung, ob als Heim- oder Nutztier, muss auf artgerechte Haltung geachtet werden. Das bedeutet, dass die von Art zu Art unterschiedlichen Bedürfnisse beachtet werden müssen. Dies regelt das Tierschutzgesetz.

Vielfältige Pflanzenwelt

Eine Pflanze besteht aus Wurzel, Stängel, Blättern und Blüte. Dies sind die Organe der Pflanze. Pflanzen kommen in den verschiedensten Formen vor. Um sie zu ordnen, fasst man sie in Pflanzenfamilien zusammen. Pflanzen sind, wie die Tiere auch, an ihren Lebensraum angepasst.

Nutzpflanzen

Der Mensch nutzt Pflanzen vielfältig, zum Beispiel für seine Ernährung, als Gewürz- und Heilpflanzen, als Tierfutter, Baumaterial und zur Gewinnung von Energie. Je nach Pflanzenart werden unterschiedliche Pflanzenteile wie Wurzeln, Sprossknollen, Knospen, Blätter, Blüten, Samen oder Früchte verwendet.

System

Struktur und Funktion

Entwick-lung

BASISKONZEPTE

System
→ Stoff- und Energieumwandlung

1. ≡ Ⓐ

Jeder Organismus ist ein System, das alle für das Leben erforderlichen Kennzeichen aufweist. Erkläre anhand des Verdauungssystems des Rindes, wie die einzelnen Teile zusammenarbeiten müssen, damit die Pflanzennahrung verdaut werden kann.

➡ S. 84 – 85

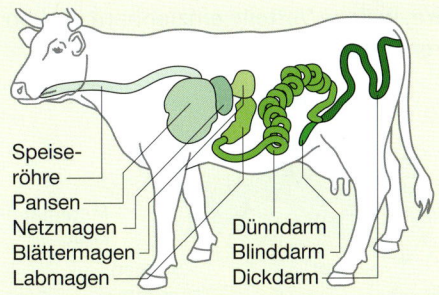

Speiseröhre
Pansen
Netzmagen
Blättermagen
Labmagen
Dünndarm
Blinddarm
Dickdarm

Struktur und Funktion
→ Variabilität und Angepassheit

3. ≡ Ⓐ

a) Beschreibe die Struktur eines Pflanzenfressergebisses und erkläre die Funktion, die die Zähne beim Fressvorgang ausüben.
b) Beschreibe die Struktur eines Fleischfressergebisses und erkläre die Funktion, die die Zähne beim Fressvorgang ausüben.

➡ S. 71, 85

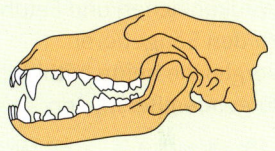

Entwicklung
2. ≡ Ⓐ

Aus dem Wolf hat der Mensch den Haushund gezüchtet.

Erkläre, wie aus dem Wolf der Haushund wurde. ➡ S. 71

Struktur und Funktion
→ Stoff- und Energieumwandlung

4. ≡ Ⓐ

Vergleicht man die Darmlänge eines Hasen mit der einer etwa gleich großen Katze, dann stellt man fest, dass der Darm des einen Tieres etwa sieben Mal länger als der des anderen ist.

Nenne das Tier mit dem längeren Darm und begründe deine Antwort. Berücksichtige dabei den Energiegehalt der Nahrung. ➡ S. 77, 85

Wildtiere und Nutztiere

Kannst du schon ...

... beschreiben, welche Unterschiede Feldhase und Wildkaninchen bezüglich ihrer Lebensweise aufweisen? (S. 56 – 57)

... den Unterschied zwischen Nesthocker und Nestflüchter erklären? (S. 56 – 57)

... anhand eines selbst gewählten Beispiels beschreiben, wie Bau und Lebensweise der Säugetiere an ihren Lebensraum angepasst sind? (S. 59, 61)

... die Angepasstheit des Gebisses an die Ernährung beschreiben? (S. 58 – 59)

... beschreiben, wie sich Fledermäuse im Dunkeln orientieren und ihre Beute finden können? (S. 61)

... die Besonderheiten des Raubtiergebisses nennen? (S. 71)

... das Jagdverhalten der Hauskatze beschreiben? (S. 79)

... die typischen Merkmale eines Pflanzenfressergebisses benennen? (S. 84 – 85)

... den Begriffe Wiederkäuer anhand der Verdauungsorgane des Rindes erklären? (S. 84 – 85)

... die Verhaltensweisen der Pferde beschreiben, die sie als Herdentiere kennzeichnen? (S. 91)

... die Begriffe Kaltblüter, Warmblüter und Vollblüter beschreiben und Beispiele für ihre Nutzung nennen? (S. 92)

Zeig, was du kannst!

1. 🄰
Wildkaninchen und Feldhase gehören beide zu den Säugetieren.
Vergleiche beide mithilfe einer Tabelle nach folgenden Beispielen:

Säugetiermerkmale	Wildkaninchen	Feldhase
Fell	ja, graubraun	ja, rotbraun
...		

2. 🄰
Maulwürfe ernähren sich hauptsächlich von Würmern, Schnecken, Spinnen und Insekten.
a) Nenne und beschreibe den Gebisstyp des Maulwurfs.
b) Erkläre die Funktion dieses Gebisses.
c) Nenne weitere Gebisstypen, die bei Säugetieren vorkommen und jeweils mindestens ein Tier, das ein derartiges Gebiss besitzt.

3. 🄰
Fledertiere sind die einzigen fliegenden Säugetiere.
a) Beschreibe die Angepasstheit von Fledertieren an den Lebensraum Luft.
b) Nenne Unterschiede und Gemeinsamkeiten von Vögeln und Fledertieren.

4. 🄰
a) Beschreibe, wie Katzen ihre Krallen einziehen und ausstrecken.
b) Erkläre, welche Vorteile einziehbare Krallen für Katzen haben.

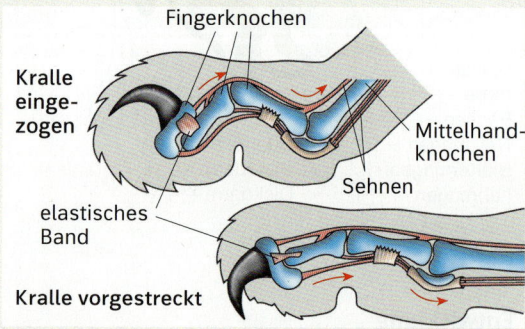

5. 🄰
Die Zeichnung stellt einen Rindermagen dar.
a) Nenne den Fachausdruck für einen derart aufgebauten Magen.
b) Benenne die Teile des Rindermagens und gib mithilfe der Buchstaben a bis d den Weg der Nahrung an.

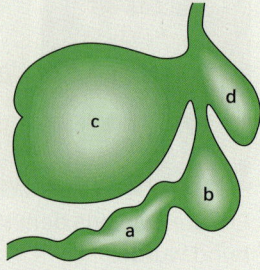

Wildpflanzen und Nutzpflanzen

Kannst du schon ...

... den Bau einer Blütenpflanze beschreiben und ihre Organe benennen? (S. 96)

... die Funktion der einzelnen Organe einer Blütenpflanze erklären? (S. 96)

... Blüten untersuchen und Legebilder von ihnen anfertigen? (S. 100)

... ausgewählte Zimmerpflanzen artgerecht pflegen und deine Pflegemaßnahmen begründen? (S. 106-107)

... Beispiele für Pflanzenarten nennen, die an besondere Lebensräume angepasst sind? (S. 104 – 105)

... die wichtigsten Getreidearten beschreiben und unterscheiden? (S. 115)

... erklären, warum die Getreidearten Grundnahrungsmittel und Energielieferanten sind? (S. 115)

... wichtige einheimische und fremdländische Nutzpflanzen aufzählen? (S. 116 – 117)

... beschreiben, wie Kartoffelpflanzen wachsen und sich vermehren? (S. 115)

... erklären, warum die Kartoffel für die Ernährung des Menschen so wichtig ist? (S. 115)

LERNCHECK

Zeig, was du kannst!

6.

a) Benenne die mit Ziffern gekennzeichneten Teile der Pflanze.
b) Zähle fünf Nutzpflanzen auf und nenne die jeweiligen Pflanzenteile, die dabei genutzt werden.

7.
Pflanzen sind an ihren jeweiligen Lebensraum angepasst.
a) Nenne eine Pflanzenart, die im Gebirge vorkommt. Beschreibe, wie sie an die dort herrschenden Lebensbedingungen angepasst ist.
b) Nenne eine Pflanzenart, die am Seeufer vorkommt. Beschreibe, wie sie an die dort herrschenden Lebensbedingungen angepasst ist.

8.
a) Benenne die abgebildeten Getreidearten.
b) Erkläre die Bedeutung von Getreide als Grundnahrungsmittel. Denke dabei auch an die verschiedenen Nutzungsmöglichkeiten.

Wichtige Begriffe

- Fluchttier
- Nesthocker, Nestflüchter
- Insektenfresser, Grabhand
- Haustiere, Heimtiere, Nutztiere
- Hetzjäger, Schleichjäger
- Ökologische Landwirtschaft, Tierrechte
- Pflanzenfamilien
- Nutzpflanzen

Stichwortverzeichnis

Stichwortverzeichnis

Übersicht

METHODEN

Bildquellenverzeichnis

Cover, 1.1: iStockphoto.com, Calgary (Guenter Guni); 4.1, 55.1: Shutterstock.com, New York (Fedor Selivanov); 5.1: iStockphoto.com, Calgary (TommL); 6.1: fotolia.com, New York (Tramper2); 6.2: Picture-Alliance, Frankfurt; 7.1: Frauke Tönnies, Laatzen; 7.2: Shutterstock.com, New York (Lestertair); 7.3: fotolia.com, New York (Andrea Wilhelm); 7.4: fotolia.com, New York (PRILL Mediendesign); 8.2: Shutterstock.com, New York (Olga_Anourina); 8.3: Johannes Lieder, Ludwigsburg; 10.1: Picture-Alliance, Frankfurt (ZB); 10.2: Imago, Berlin (Enters); 11.2A: fotolia.com, New York (creativenature.nl); 11.2B: alamy images, Abingdon/Oxfordshire (Arco Images /De Meester, J.); 11.2C: Panthermedia.net, München (Jens Dittmar); 11.3A: Picture-Alliance, Frankfurt (Bildagentur-online); 11.3B: Picture-Alliance, Frankfurt (blickwinkel/ F. Hecker); 11.3C: TopicMedia Service, Putzbrunn (Walz); 12.2: Imago, Berlin (Jochen Tack); 14.6: Shutterstock.com, New York (cooperr); 14.7: fotolia.com, New York (Svenja98); 14.8: TopicMedia Service, Putzbrunn (Willner); 15.1: Science & Society Picture Library, Berlin (SSPL); 15.2: Deutsches Museum, München; 15.3A: mauritius images, Mittenwald (Science Source); 15.3B: doc-stock health + wellness eine Marke der F1online, Frankfurt (Kage-Mikrofotografie); 15.3C: Agentur Focus, Hamburg (Meckes/eye of science); 16.1: fotolia.com, New York (A_Bruno); 16.2: fotolia.com, New York (Superingo); 17.2-3: Dirk Wenderoth, Braunschweig; 18.1B: Picture-Alliance, Frankfurt (Karin Montag/Okapia); 18.3A: Xeniel-Dia, Stuttgart; 19.1A: Imago, Berlin (All Canada Photos); 19.1B: Imago, Berlin (Ralph Lueger); 19.1C: iStockphoto.com, Calgary (.shock); 22.1: H. Behrens, Lehrte-Arpke; 22.2: fotolia.com, New York (eyetronic); 22.3: H. Behrens, Lehrte-Arpke; 22.4: Windaus (www.windaus.de), Clausthal-Zellerfeld; 22.5: fotolia.com, New York (chiyacat); 23.1: Getty Images, München (Noah Clayton); 23.2: Getty Images, München (Benali-Gaillarde/Gamma-Rapho); 23.3: Shutterstock.com, New York (Halfpoint); 23.4: Sven Simon, Mülheim an der Ruhr; 23.6: iStockphoto.com, Calgary (imv); 23.7: Panthermedia.net, München (frankix); 23.8: Shutterstock.com, New York (Dennis van de Water); 23.9: Shutterstock.com, New York (alexjey); 24.1A: Okapia, Frankfurt (Robert Maier); 24.1B: Shutterstock.com, New York (rck_953); 24.1C: Shutterstock.com, New York (Kachalkina Veronika); 24.1D: Shutterstock.com, New York (Rita Kochmarjova); 24.2A: Shutterstock.com, New York (3523studio); 24.2B: Shutterstock.com, New York (Anatoly Kovtun); 24.2C: Shutterstock.com, New York (Max Sudakov); 26.1: Shutterstock.com, New York (mkrberlin); 26.3: Getty Images, München (Barry Gnyp); 30.1: Panthermedia.net, München (nikonaft); 34.2: fotolia.com, New York (Mingis); 34.3: Shutterstock.com, New York (D Russell 78); 34.4: fotolia.com, New York (djama); 36.1: iStockphoto.com, Calgary (mihailomilovanovic); 36.2: fotolia.com, New York (Lucky Dragon); 40.1: Dr. Guido Lyß, Wolfenbüttel; 40.2: dreamstime.com, Brentwood (Hashp); 42.1C: alamy images, Abingdon/Oxfordshire (BSIP SA); 44.1: Kruse, Wankendorf; 47.2: action press, Hamburg; 47.3: Picture-Alliance, Frankfurt (dpa); 51.1: fotolia.com, New York (Jacek Chabraszewski); 51.2: Peter Roggenthin, Nürnberg; 54.1: Caro, Berlin (Teich); 54.2: fotolia.com, New York (f/2.8 by ARC); 54.3: Shutterstock.com, New York (Zeljko Radojko); 54.4: iStockphoto.com, Calgary (Ingenui); 56.1: Shutterstock.com, New York (YolLusZam1802); 57.2B: Picture-Alliance, Frankfurt (blickwinkel/McPHOTO); 59.3A: Okapia, Frankfurt (Manfred Danegger); 59.3C: Panthermedia.net, München (carmen rieb); 60.1: mauritius images, Mittenwald (imagebroker); 60.2: Shutterstock.com, New York (Marina Jay); 61.2A: TopicMedia Service, Putzbrunn (Haneforth); 61.2B: alamy images, Abingdon/Oxfordshire (Tierfotoagentur); 62.1: Shutterstock.com, New York (LMPphoto); 62.2: Juniors, Hamburg; 62.3: Panthermedia.net, München (Nailia Schwarz); 62.4: Shutterstock.com, New York (NagyDodo); 62.5: Shutterstock.com, New York (Alexruss); 62.6: Glow Images, München (Michael Krabs); 63.1: Wildlife, Hamburg (O. Giel/Juniors); 63.2: Picture-Alliance, Frankfurt (dpa-Zentralbild); 63.3A: Shutterstock.com, New York (wiwsphotos); 63.3B: Shutterstock.com, New York (Sopon Phutthima); 64.1: LKA Niedersachsen, Hannover (Scheerle); 64.2: Picture-Alliance, Frankfurt (Arco Images); 66.1: Picture-Alliance, Frankfurt (chromorange); 66.2: iStockphoto.com, Calgary (Enskanto); 66.3: Panthermedia.net, München (Don Schmitt); 67.1: mauritius images, Mittenwald (Schrempp); 67.2: pixelio media, München (Steve Weißflog); 67.3: fotolia.com, New York (Bernd Kröger); 68.1: Picture-Alliance, Frankfurt (akg-images); 68.2: Shutterstock.com, New York (SungHee_Kang); 69.1: Picture-Alliance, Frankfurt (Süddeutsche Zeitung Photo); 69.2: Ulrike Preuß, Hilden; 70.1A: Glow Images, München (Sirko Hartmann); 70.1B: Shutterstock.com, New York (Jeroen van den Broek); 70.1C: Zollkriminalamt, Köln; 70.1D: Okapia, Frankfurt (Klein & Hubert); 70.1E: Shutterstock.com, New York (Karramba Production); 70.1F: Shutterstock.com, New York (Ysbrand Cosijn); 71.2: Okapia, Frankfurt (Dr. Eric Dragesco); 72.1: Shutterstock.com, New York (AnetaPics); 72.2: Shutterstock.com, New York (Jan S.); 72.3: Shutterstock.com, New York (SVPhilon); 72.4: TopicMedia Service, Putzbrunn (Wegner); 72.5: Shutterstock.com, New York (Peter Kunasz); 73.1: Picture-Alliance, Frankfurt (dpa); 73.2: Wildlife, Hamburg (G. Czepluch); 75.1-2: Blinde Kuh e.V./www.blinde-kuh.de, Hamburg; 76.1: Photoshot Deutschland, Berlin (Gerard Lacz); 76.2: Panthermedia.net, München (gemenacom); 76.3A-B: u-connect - Joachim Keil, Mannheim; 77.1A: iStockphoto.com, Calgary (Wildroze); 77.1B: Kerstin Ploß, Wentorf; 77.2: Glow Images, München (Ottfried Schreiter); 78.1A-C: Monika Wegler, Gröbenzell; 79.2A: Photoshot Deutschland, Berlin (Kim Taylor); 79.2B: F1online, Frankfurt (sodapix); 79.3: Shutterstock.com, New York (maximult); 80.1: TopicMedia Service, Putzbrunn (Lacz); 80.2: Okapia, Frankfurt (Fogden); 80.3: fotolia.com, New York (norma holt); 80.4: TopicMedia Service, Putzbrunn (Lacz); 81.1: fotolia.com, New York (Markus Mainka); 81.2: Shutterstock.com, New York (Julie Vader); 84.1A: fotolia.com, New York (Martin_P); 84.1B: fotolia.com, New York (nspooner); 84.2: fotolia.com, New York (m2h); 85.3A: Shutterstock.com, New York (Pukhov Konstantin); 86.2: iStockphoto.com, Calgary (Kondor83); 87.2A: Okapia, Frankfurt (Berg); 87.2B: fotolia.com, New York (Reljko Radojko); 87.2C: Shutterstock.com, New York (Ratthaphong Ekariyasap); 87.2D: alamy images, Abingdon/Oxfordshire (franky242); 87.2E: Picture-Alliance, Frankfurt (Schilling/dpa); 87.2E: Shutterstock.com, New York (endermasali); 88.1: fotolia.com, New York (marioArte); 88.2: Okapia, Frankfurt (Reinhard); 90.1: F1online, Frankfurt (Reporters); 91.2: mauritius images, Mittenwald (Frank Lukasseck); 91.3: Caro, Berlin (Frank Sorge); 91.4: fotolia.com, New York (Svetlana Markelova); 92.1A: Picture-Alliance, Frankfurt (dpa); 92.1B: Imago, Berlin (Sven Simon); 92.1C: Shutterstock.com, New York (Mauvries); 93.1: alamy images, Abingdon/Oxfordshire (Accent Alaska.com); 93.2: Juniors, Hamburg (Türke); 93.3: iStockphoto.com, Calgary (crisod); 93.4: Shutterstock.com, New York (KKulikov); 94.1: Picture-Alliance, Frankfurt (Arco Images); 94.2A: Shutterstock.com, New York (Ariene Studio); 94.2B: Picture-Alliance, Frankfurt (dpa); 94.2C: Shutterstock.com, New York (branislavpudar); 94.2D: Shutterstock.com, New York (monticello); 95.4: Picture-Alliance, Frankfurt (Arco Images); 95.5: alamy images, Abingdon/Oxfordshire (Beth Dixson); 97.1A: fotolia.com, New York (siraphol); 97.1B: fotolia.com, New York (fox007); 97.1C: Shutterstock.com, New York (artem_ka); 97.1D: Optisches Museum der Ernst-Abbe-Stiftung, Jena; 98.1A: Frauke Tönnies, Laatzen; 98.1B: wikipedia.org (Javier Martin); 98.1C: Okapia, Frankfurt (Hapo); 98.1D: mauritius images, Mittenwald (Layer); 98.1E: TopicMedia Service, Putzbrunn (Bühler); 99.2: Imme Freundner-Huneke, Neckargemünd; 100.3: fotolia.com, New York (Christian Jung); 101.4A: Shutterstock.com, New York (Martin Fowler); 101.4B: alamy images, Abingdon/Oxfordshire (Arco Images); 102.1: fotolia.com, New York (absolutimages); 102.2: Shutterstock.com, New York (Bildagentur Zoonar); 102.3: Glow Images, München (Carol Mellema/Flowerphotos); 102.4: alamy images, Abingdon/Oxfordshire (Vladimir Cuvala); 104.1: Tierbildarchiv Angermayer, Holzkirchen; 104.2: TopicMedia Service, Putzbrunn; 105.1: Okapia, Frankfurt (Reinhard); 105.2: TopicMedia Service, Putzbrunn; 105.3: wikipedia.org; 105.4: Okapia, Frankfurt (Hans Reinhard); 106.1: Flora Press, Hamburg; 106.2: Kruse, Wankendorf; 107.1A: Michael Tornette, Braunschweig; 107.1B: Avenue Images, Hamburg (MAP/Nathalie Pasquel/agefotostock); 107.1C: Picture-Alliance, Frankfurt (VISIONSPICTURES); 107.1D: Panthermedia.net, München (Boyan Dimitrov); 110.1B: fotolia.com, New York (igor); 110.1D: Panthermedia.net, München (ALFREDO COSENTINO); 110.2: Shutterstock.com, New York (Africa Studio); 110.3: Shutterstock.com, New York (angelo gilardelli); 110.4: Panthermedia.net, München (totalpics); 111.1A: Panthermedia.net, München (dzmitri mikhaltsow); 111.1C: Shutterstock.com, New York (Ewa Studio); 111.1E: fotolia.com, New York (Eisenhans); 112.1: fotolia.com, New York (spuno); 115.1+2A: alamy images, Abingdon/Oxfordshire (Simon Belcher); 115.2B: mauritius images, Mittenwald (Rosenfeld); 115.2C: alamy images, Abingdon/Oxfordshire (Nigel Cattlin); 115.2D: fotolia.com, New York (fragolerosse); 116.1: fotolia.com, New York (motivation1965); 116.2: Shutterstock.com, New York (Delpixel); 116.3: Arco Images, Lünen (F. Scholz); 116.4: Picture-Alliance, Frankfurt (Sueddeutsche Zeitung Photo); 116.5: Shutterstock.com, New York (AVN Photo Lab); 117.1: fotolia.com, New York (afe207); 117.2: alamy images, Abingdon/Oxfordshire (ITAR-TASS Photo Agency); 117.3: fotolia.com, New York (thongsee); 118.1: Brigitte Karnath, Wiesbaden; 120.1: fotolia.com, New York (wwicki63); 120.2: fotolia.com, New York (ernstboese); 120.3: BilderBox, Breitbrunn/Hörsching; 120.4: Picture-Alliance, Frankfurt (Arco Images); 120.5: iStockphoto.com, Calgary (yuri chertok); 121.1: Beat Ernst, Basel; 121.1A: fotolia.com, New York (xmasbaby); 121.1B: fotolia.com, New York (Birgit Reitz-Hofmann); 121.1C: iStockphoto.com, Calgary (Donald Erickson); 121.1D: fotolia.com, New York (volff); 122.1: Shutterstock.com, New York (Happybee511); 122.2: Shutterstock.com, New York (Elena Elisseeva); 122.3: Panthermedia.net, München (agapanthus); 123.1: Shutterstock.com, New York (lightpoet); 123.2: Shutterstock.com, New York (f8grapher); 123.3: Shutterstock.com, New York (gillmar); 123.4: A1PIX - Your Photo Today, Ottobrunn (Raimund Linke); 125.1A: Shutterstock.com, New York (marima); 125.1B: Shutterstock.com, New York (oksana2010); 125.1C: Shutterstock.com, New York (Peter Eggermann); 125.1D: Shutterstock.com, New York (Tischenko Irina).